**A minha alma tem sede de Deus**

# COLEÇÃO BÍBLIA EM COMUNIDADE

## PRIMEIRA SÉRIE – VISÃO GLOBAL DA BÍBLIA

1. Bíblia, comunicação entre Deus e o povo – Informações gerais
2. Terras bíblicas: encontro de Deus com a humanidade – Terra do povo da Bíblia
3. O povo da Bíblia narra suas origens – Formação do povo
4. As famílias se organizam em busca da sobrevivência – Período tribal
5. O alto preço da prosperidade – Monarquia unida em Israel
6. Em busca de vida, o povo muda a história – Reino de Israel
7. Entre a fé e a fraqueza – Reino de Judá
8. Deus também estava lá – Exílio na Babilônia
9. A comunidade renasce ao redor da Palavra – Período persa
10. Fé bíblica: uma chama brilha no vendaval – Período greco-helenista
11. Sabedoria na resistência – Período romano
12. O eterno entra na história – A terra de Israel no tempo de Jesus
13. A fé nasce e é vivida em comunidade – Comunidades cristãs na terra de Israel
14. Em Jesus, Deus comunica-se com o povo – Comunidades cristãs na diáspora
15. Caminhamos na história de Deus – Comunidades cristãs e sua organização

## SEGUNDA SÉRIE – TEOLOGIAS BÍBLICAS

1. Deus ouve o clamor do povo (Teologia do êxodo)
2. Vós sereis o meu povo e eu serei o vosso Deus (Teologia da aliança)
3. Iniciativa de Deus e corresponsabilidade humana (Teologia da graça)
4. O Senhor está neste lugar e eu não sabia (Teologia da presença)
5. Profetas e profetisas na Bíblia (Teologia profética)
6. O Sentido oblativo da vida (Teologia sacerdotal)
7. Faça de sua casa um lugar de encontro de sábios (Teologia sapiencial)
8. Grava-me como selo sobre teu coração (Teologia bíblica feminista)
9. Teologia rabínica (em preparação)
10. Paulo, apóstolo de Jesus Cristo pela vontade de Deus (Teologia paulina)
11. Compaixão, cruz e esperança (Teologia de Marcos)
12. Lucas e Atos: uma teologia da história (Teologia lucana)
13. Ide e fazei discípulos meus todos os povos (Teologia de Mateus)
14. Teologia joanina (em preparação)
15. Eis que faço novas todas as coisas (Teologia apocalíptica)
16. As origens apócrifas do cristianismo (Teologia apócrifa)
17. Teologia da Comunicação (em preparação)
18. Minha alma tem sede de Deus (Teologia da espiritualidade bíblica)

## TERCEIRA SÉRIE (em preparação) – BÍBLIA COMO LITERATURA

1. Bíblia e Linguagem: contribuições dos estudos literários
2. Introdução às formas literárias no Primeiro Testamento
3. Introdução às formas literárias no Segundo Testamento
4. Introdução ao estudo das Leis na Bíblia
5. Introdução à análise poética de textos bíblicos
6. Introdução à Exegese patrística na Bíblia
7. Método histórico-crítico
8. Método narrativo na Bíblia
9. Método retórico e outras abordagens

## QUARTA SÉRIE – RECURSOS PEDAGÓGICOS

1. O estudo da Bíblia em dinâmicas – Aprofundamento da Visão Global da Bíblia
2. Teologias bíblicas (em preparação)
3. Palavra: forma e sentido (em preparação)
4. Atlas bíblico (em preparação)
5. Mapas e temas bíblicos – Cartazes (em preparação)
6. Metodologia de estudo e pesquisa (em preparação)
7. Pedagogia bíblica (em preparação)
8. Modelo de ajuda (em preparação)

Romi Auth
Vera Ivanise Bombonatto

# A minha alma tem sede de Deus
Teologia da espiritualidade bíblica

*Teologias bíblicas 18*

**Dados Internacionais de Catalogação na Publicação (CIP)**
**(Câmara Brasileira do Livro, SP, Brasil)**

Auth, Romi
A minha alma tem sede de Deus : teologia da espiritualidade bíblica /
Romi Auth, Vera Ivanise Bombonatto. – São Paulo : Paulinas, 2013. –
(Coleção Bíblia em comunidade. Série teologias bíblicas ; 18)

ISBN 978-85-356-3655-0

1. Espiritualidade 2. Experiência religiosa 3. Personagens bíblicos
4. Teologia I. Bombonatto, Vera Ivanise. I. Título. II. Série.

13-11173                                                      CDD-248

**Índice para catálogo sistemático:**
1. Espiritualidade e teologia : Cristianismo     248
2. Teologia e espiritualidade : Cristianismo     248

Direção-geral: *Bernadete Boff*
Editora responsável: *Maria Goretti de Oliveira*
Copidesque: *Mônica Elaine G. S. da Costa*
Coordenação de revisão: *Marina Mendonça*
Revisão: *Ruth Mitzuie Kluska*
Gerente de produção: *Felício Calegaro Neto*
Diagramação: *Jéssica Diniz Souza*

*Nenhuma parte desta obra poderá ser reproduzida ou transmitida
por qualquer forma e/ou quaisquer meios (eletrônico ou mecânico,
incluindo fotocópia e gravação) ou arquivada em qualquer sistema ou
banco de dados sem permissão escrita da Editora. Direitos reservados.*

**SAB – Serviço de Animação Bíblica**
Av. Afonso Pena, 2.142 – Bairro Funcionários
30130-007 – Belo Horizonte – MG
Tel.: (31) 3269-3737 – Fax: (31) 3269-3729
e-mail: sab@paulinas.com.br

**Paulinas**
Rua Dona Inácia Uchoa, 62
04110-020 – São Paulo – SP (Brasil)
Tel.: (11) 2125-3500
Telemarketing e SAC: 0800-7010081
http://www.paulinas.org.br – editora@paulinas.com.br

©Pia Sociedade Filhas de São Paulo – São Paulo, 2013

# Sumário

Apresentação ..................................................................... 9

Introdução ...................................................................... 13

1. A relação entre teologia da espiritualidade bíblica
   e espiritualidade bíblica .............................................. 17

2. Experiência espiritual ................................................ 27

3. Experiência espiritual bíblica ...................................... 33

4. A experiência espiritual do Primeiro Testamento ........... 43

5. A experiência espiritual de Jesus de Nazaré ................ 133

6. Jesus Cristo, centro e plenitude da história da salvação .. 143

7. Espiritualidade do seguimento de Jesus ..................... 151

8. Experiência espiritual no Segundo Testamento ............ 157

9. Espiritualidade do seguimento de Jesus Caminho, Verdade
   e Vida: uma proposta atual e transformadora: ........... 233

Reiniciar o caminho ....................................................... 257

Referências bibliográficas ............................................. 259

*Como a corça deseja as águas da corrente,*
*assim a minha alma anseia por ti, ó Deus.*
*A minha alma tem sede de Deus, do Deus vivo:*
*quando hei de ver a face de Deus?*

Salmo 42,2-3

# Apresentação

No livro que você tem em mãos, *A minha alma tem sede de Deus:* Teologia da espiritualidade bíblica, o subtítulo já deve ter-lhe dado uma ideia do seu conteúdo. Por que Teologia da espiritualidade bíblica? O que é mesmo espiritualidade? Quais são as expressões que revelam se uma pessoa vive ou não uma espiritualidade? É possível dizer que uma pessoa que não participa da comunidade, não costuma rezar do jeito que a maioria das pessoas cristãs reza, tem uma espiritualidade?

E a *Teologia da espiritualidade bíblica*? Vamos por partes. *Teologia* tem a ver com Deus; *espiritualidade* passa pelo nosso jeito de ser, pela nossa atitude diante de Deus, das pessoas, de nós mesmos e do universo; e *bíblica* porque lançamos um olhar atento sobre a experiência espiritual de alguns personagens da Bíblia, como: Abraão, Jacó, Moisés, Davi, Jeremias, o Salmista do salmo 51 do Primeiro Testamento.

É claro que não poderíamos deixar de meditar e contemplar a experiência espiritual de Jesus de Nazaré, o Caminho, a Verdade e a Vida para a humanidade, o centro da espiritualidade cristã. Aprofundamos também a experiência espiritual de Maria, a serva, e de Paulo, o apóstolo do Senhor, no Segundo Testamento.

Existem muitos manuais de orações, salmos e livros que falam sobre espiritualidade. Talvez você esteja enumerando os que leu e neles aprendeu a rezar. Ótimo!

O que oferecemos a você neste livro, *A minha alma tem sede de Deus*, é uma reflexão sobre a experiência espiritual, seus diferentes tipos como: a experiência religiosa, espiritual cristã de Deus e mística, cada qual com as suas especificidades. As características da experiência espiritual bíblica; a experiência espiritual no Primeiro e Segundo Testamento, escolhendo, como vimos acima, alguns personagens com os seus respectivos textos. Eles retratam sua relação com Deus, por exemplo, Abraão que é convidado a ser bênção e a partir para uma terra desconhecida em busca da promessa, e quando parecia ter-se realizado com sua descendência, Isaac, Deus pede para sacrificá-lo. Como entender essa aparente contradição de Deus! É claro, não poderia faltar a experiência espiritual de Jesus, centro da espiritualidade cristã e ápice das Escrituras. Você encontrará outros personagens do Primeiro e Segundo Testamentos, escolhidos por causa da missão que exerceram no plano da salvação.

Esta obra destina-se a todas as pessoas que buscam saciar a sua fome e sede de Deus, e aprimorar a sua experiência à luz da Palavra de Deus, sobretudo, pela experiência de algumas figuras bíblicas. Não trata de uma espiritualidade devocional, que é a experiência da maioria dos cristãos, importante numa fase da vida, mas insuficiente para quem já atingiu a maturidade da fé e consegue deixar-se conduzir pela ação do Espírito, à luz da sua Palavra.

O livro *A minha alma tem sede de Deus* integra o Projeto de Formação Bíblica sistemática do Serviço de Animação Bíblica (SAB), oferecido preferencialmente para os leigos e as leigas. O Projeto é conhecido como *Bíblia em Comunidade*, e desenvolvido em três níveis.

No primeiro nível estuda como fio condutor a história do povo da Bíblia, a geografia dos lugares onde esse povo viveu e os escritos que nasceram ao longo dessa história. Tal nível chama-se *Visão Global da Bíblia*.

O segundo nível corresponde às *Teologias Bíblicas*. São 18 diferentes maneiras de perceber a revelação de Deus, como o Deus do Êxodo, aquele que vê e escuta o clamor do povo; o Deus que faz Aliança e outras teologias.

No terceiro nível estuda-se a *Bíblia como Literatura*, nas suas formas, gêneros literários e diferentes métodos de abordagem da Bíblia.

A quarta série de livros é para auxiliar no aprofundamento dos três níveis de estudo e aprofundamento da Bíblia e para ajudar a pessoa que faz este estudo a desenvolver contemporaneamente suas habilidades humanas e espirituais, a fim de ser um multiplicador e uma multiplicadora da Palavra.

Não temos a pretensão de ter esgotado o conteúdo que aqui abordamos nem de apresentar uma obra fechada, mas aberta à novidade do Espírito, que age em cada pessoa. A vida é dinâmica e a ação do Espírito em nós nos impulsiona a ser cada dia melhores e a renovar a história. Sem dúvida, ao lê-lo, você terá muitas sugestões e ao trabalhá-lo acrescentará outros aspectos não abordados neste livro. É a riqueza da ação do Espírito em cada um e em cada uma de nós.

Que você possa enriquecer a sua experiência espiritual e ajudar outras pessoas a fazerem o mesmo, e sentirá a alegria profunda que brota da certeza de seguir o caminho de Jesus de Nazaré, centro e plenitude da história da salvação.

Graça e paz para você!

ROMI AUTH
Equipe do SAB

# Introdução

A revelação amorosa e fiel de Deus que se comunica com o ser humano, de um lado, a constante busca da face luminosa e transcendente de Deus, por parte do ser humano, de outro, tecem uma história de amor, de ternura e de misericórdia, que atravessa a trajetória do povo de Israel e das primeiras comunidades cristãs dos seguidores e seguidoras de Jesus.

Essa história chega até nós por meio do testemunho dos que nos precederam e sua memória está registrada nos escritos bíblicos, como fonte de fé e de compromisso, de luz e conforto, para os cristãos e as cristãs de todos os tempos e lugares. A assimilação de sua mensagem envolve uma dinâmica existencial, a qual engloba um dúplice movimento: constante volta às fontes genuínas e sua atualização no contexto atual.

Por conseguinte, refletir sobre a *teologia da espiritualidade bíblica* e sobre a *espiritualidade bíblica* é uma tarefa urgente e necessária. Trata-se de colher, nos escritos bíblicos, o mistério da relação de Deus com o seu povo, não como algo do passado, mas como uma realidade viva e dinâmica que nos envolve e nos compromete com o projeto de Deus.

Nestas páginas, não temos a pretensão de apresentar um discurso completo sobre esse tema da espiritualidade bíblica, mas apenas de dar algumas indicações com o objetivo de ajudar a entender a riqueza da mensagem espiritual, contida na Bíblia, e a vivê-la em nosso cotidiano. Nosso caminho segue um traçado simples e progressivo.

Inicialmente, salientamos a devida relação e, ao mesmo tempo, a distinção entre *teologia da espiritualidade bíblica* e *espiritualidade bíblica*, entre teoria e experiência, traçando, brevemente, o caminho histórico do conceito de espiritualidade.

Prosseguindo, tentamos entender melhor o conceito de *experiência* e a *experiência espiritual bíblica: suas características, dimensões e componentes*, aspectos estes que nos ajudam não só a compreender o modo singular de Deus se revelar, mas também a qualidade e radicalidade da resposta do ser humano.

Chegamos assim à experiência espiritual de Abraão, Jacó, Moisés, Davi, Jeremias, Salmista, retratadas no Primeiro Testamento, e de Maria e Paulo, no Segundo Testamento. Chamados por Deus para uma missão específica, na fé e no amor, eles aderiram, incondicionalmente, ao seu plano salvífico. A seguir, nossa atenção se volta para Jesus, centro do Segundo Testamento. Uma realidade significativa para a nossa reflexão é a *experiência espiritual de Jesus*. Como ser humano, Jesus buscou incessantemente a Deus e levou até o extremo a entrega de sua vida para a realização do projeto do Pai. Sua experiência espiritual constitui o centro e a referência constante de sua vida e missão.

Consideramos, ainda, dois aspectos significativos que constituem o fio condutor da nossa reflexão: a *pessoa de Jesus Cristo*, centro e plenitude da história da salvação; e a experiência espiritual concebida como *história do chamado-resposta*: chamado de Deus e resposta ou recusa do ser humano.

Prosseguindo o nosso caminho, abordaremos alguns escritos do Segundo Testamento, centrando-nos nos Evangelhos e nas figuras do apóstolo Paulo e de Maria de Nazaré. Eles constituem uma fonte inesgotável, cujas águas da vivência da vocação cristã jorram abundantemente e nos convidam a saciar nossa sede de Deus.

Por fim, apresentamos uma proposta existencial e atual de vivência da espiritualidade bíblica baseada na autorrevelação de Jesus: "Eu sou o Caminho, a Verdade e a Vida".[1] Além de uma breve reflexão, incluímos a sugestão de uma dinâmica de assimilação do conteúdo de cada uma das palavras: caminho, verdade e vida. Esta dinâmica pode ser usada para um dia de retiro e/ou para um momento de oração e partilha.

Desejamos que estas páginas possam, de alguma forma, despertar nos leitores e leitoras o desejo de uma vivência espiritual sempre mais autêntica e transformadora, que nos leve a renovar e revigorar a nossa vocação cristã e a testemunhar a beleza e o encanto da Boa-Nova de Jesus Cristo. À luz de Cristo Jesus, o Messias, e na sua escola, queremos beber da água viva e saciar nossa sede de infinito.

---

[1] Cf. Jo 14,6.

# 1
# A relação entre teologia da espiritualidade bíblica e espiritualidade bíblica

Nossa reflexão entrelaça três realidades fundamentais para a fé cristã: a *Palavra de Deus,* a *teologia da espiritualidade bíblica* e a *espiritualidade bíblica.* Consequentemente, estão em jogo três realidades significativas: a *Bíblia,* a *teologia* e a *espiritualidade*; em outros termos, a *Palavra, a reflexão e a vivência da fé.* Estas realidades estão intimamente relacionadas, tendo como fonte primeira as experiências de fé narradas nos textos da Sagrada Escritura nas suas múltiplas e variadas expressões. Elas têm como fundamento e fio condutor o chamado de Deus e a resposta do ser humano, e como ponto culminante o convite de Jesus ao seu seguimento e a resposta dos discípulos. Esses aspectos se fundem numa única realidade: *a espiritualidade do seguimento de Jesus.*

A Bíblia não é um tratado sistemático e orgânico de espiritualidade. Não descreve uma experiência *sobre* Deus, mas *de* Deus, na história da humanidade, que tem seu ponto central em Jesus de Nazaré. É o testemunho e a memória da vida espiritual do povo, enquanto experiência teologal: de fé, esperança e amor. Apresenta o constante diálogo de Deus com o seu povo, respeitando a linguagem e a cultura deste seu interlocutor: o povo de Deus. Nela se misturam o tempo e a eternidade, a imanência e a transcendência, a história e a escatologia, a unidade e a diversidade, a comunhão e a pluralidade. Mas sua mensagem ultrapassa as contingências do tempo e do espaço.

Como tal, a Bíblia é a raiz fecunda da qual brota toda espiritualidade e a seiva da qual ela se alimenta. Ela é Palavra de Deus, fecundante como a chuva e a neve que "descem do céu e para lá não voltam, sem terem regado a terra, tornando-a fecunda e fazendo-a germinar".[2] É como a semente que, não obstante a diversidade e resistência do terreno, atua com força.[3] É como a espada que "penetra até dividir alma e espírito"[4] do ser humano e julga as disposições e intenções do coração.

Buscando compreender a Bíblia como projeto de vida espiritual, é importante refletir sobre o que se entende por *Teologia da espiritualidade bíblica*.

# 1. Teologia da espiritualidade bíblica

No amplo universo da teologia compreendida como discurso sobre Deus (*Teo* = Deus; *logia* = discurso) e de sua relação com os seres criados, a *Teologia da espiritualidade bíblica* é a disciplina teológica que estuda a experiência espiritual da pessoa humana, entendida como resposta ao chamado de Deus, e descreve seu desenvolvimento progressivo, sua diversidade e complexidade, seu encanto e seu mistério, sua altura e sua profundidade.

Como tal, a *teologia da espiritualidade bíblica* está intrinsecamente relacionada e fundamentada na Revelação de Deus ao longo da História da Salvação. Esta referência à Revelação é comum à exegese, à teologia dogmática, à teologia moral e a todas as disciplinas que buscam uma compreensão, cada vez mais profunda e ampla, do projeto salvífico de Deus.[5]

---

[2]  Is 55,10.

[3]  Cf. Lc 8,11-15.

[4]  Hb 4,12.

[5]  BERNARD, Charles André. *Introdução à Teologia espiritual*, p. 41.

Não se trata, portanto, de elaborar uma doutrina especulativa sobre a relação do ser humano com Deus, mas de acolher o mistério de Deus na vida.

Pode-se, então, afirmar que a *teologia da espiritualidade bíblica* é o esforço para perceber e entender a presença e a atuação de Deus na vida do seu povo e, em particular, de alguns personagens bíblicos que, movidos pelo Espírito, tiveram uma vida espiritual exemplar. Seu objeto são as experiências espirituais, consideradas em sua abrangência, em sua densidade histórica e em sua mística profética.

Seu objetivo é resgatar e aprofundar a riqueza escondida nas narrativas bíblicas, como fonte perene para saciar a nossa sede de comunhão com o Deus da vida. Ela procura perscrutar o recôndito do ser humano, lá onde se fundem a graça e a natureza, a teoria e a prática, o conhecimento e o amor, a atitude interior e a ação externa.

A *teologia da espiritualidade bíblica* situa-se na encruzilhada entre a iniciativa divina e a indagação humana, é o encontro entre a aliança, o êxodo, a promessa e a sua realização, tendo como centro Jesus de Nazaré.

Como toda disciplina teológica, deve ser acadêmica e, ao mesmo tempo, ter presente a experiência cristã concreta, que se realiza no contexto das diferentes situações pessoais, sociais e culturais. Não pode prescindir das vicissitudes da vida, tampouco da vida dos que alcançaram a plenitude e que, portanto, são modelos para nós. Essa dimensão experiencial é elemento constitutivo da tradição cristã e faz com que a teologia da espiritualidade bíblica contribua para o enriquecimento do pensar teológico, na sua globalidade.

Qual é o lugar específico da teologia da espiritualidade bíblica, no contexto mais amplo da Teologia? A história mostra que, enquanto nas faculdades de teologia ensinavam-se teologia dogmática e teologia moral, a teologia espiritual em si não era objeto de estudo acadêmico. E quando foi introduzida oficialmente nos programas didáticos, não houve consenso sobre como denominá-la, passando por diferentes nomes: inicialmente, teologia ascética, teologia mística; mais tarde, teologia ascética e mística e, por fim, teologia espiritual.[6]

Tendo presente a trajetória da *teologia da espiritualidade bíblica*, avançando em nossa reflexão, podemos considerar, a seguir, o significado da *espiritualidade bíblica*.

## 2. Espiritualidade bíblica

*Espiritualidade* é um termo muito usado atualmente e, por isso mesmo, carrega consigo certa ambiguidade e polivalência, abarcando um amplo leque de significados. A pluralidade do mundo contemporâneo favorece a coexistência de diferentes modos de conceber e interpretar este conceito. Além disso, espiritualidade não é uma ciência exata, mas depende da ação do Espírito, que sopra onde e como quer. Por conseguinte, torna-se impossível definir, com precisão matemática, os seus contornos.

Do ponto de vista antropológico, espiritualidade é uma dimensão fundamental do ser humano, tão inerente a ele quanto sua corporeidade e sociabilidade. É a busca do transcendente intrínseca ao ser humano. É o espírito com que enfrentamos a realidade histórica em que vivemos, em toda a sua complexidade. É um modo de ser, uma atitude básica a ser vivida em cada momento e em cada circunstância da vida.

---

[6] BERNARD, Charles André. *Introdução à teologia espiritual*, p. 41.

Santo Agostinho, bispo e doutor da Igreja, sintetizou essa abertura para o transcendente, própria do ser humano, com uma frase que se tornou muito conhecida: "Fizeste-nos para ti, Senhor, e inquieto está o nosso coração enquanto não repousar em Deus".[7]

## Espírito e espiritualidade

A compreensão do conceito espiritualidade está diretamente relacionada com o termo *espírito*, de origem latina, que significa basicamente "sopro" ou "respiro" e corresponde ao termo grego *pneuma*.

No sentido bíblico, espírito – *ruah* e *pneuma* – significa vento, respiração, ar, alento, termos relacionados com a vida e que exprimem uma realidade dinâmica, inovadora, criadora. Espírito é força ativa que dá a vida, guia e governa todas as coisas.[8] Em sintonia com esta visão, espiritualidade é a busca constante da face luminosa de Deus, nas vicissitudes da história, e a participação responsável na realização do seu projeto de amor.

Partindo da raiz bíblica, podemos afirmar que espiritualidade é experiência de vida movida pelo Espírito, no seguimento de Jesus, buscando e praticando a vontade do Pai. É a vida cotidiana vivida não mais seguindo a "carne", mas seguindo o Espírito Santo que foi derramado em nossos corações.[9] Não podem, portanto, ser entendidas como um compartimento estanque, desligadas das outras atividades da vida humana, mas como um modo de ser que envolve a totalidade da pessoa.

---

[7] AGOSTINHO, Santo. *Confissões*.

[8] FERNÁNDEZ, Victor Manuel. *Teologia espiritual encarnada*, p. 16.

[9] Cf. Gl 5,25.

Vista desta forma a espiritualidade abarca toda a vida da pessoa, não somente o espírito e a individualidade, mas também o corpo, as relações sociais e públicas, sua condição de membro da Igreja e cidadão do mundo. Supera-se, assim, toda sorte de dualismo entre alma e corpo, espírito e matéria.[10] A espiritualidade unifica os diferentes elementos da resposta do ser humano ao chamado de Deus. Nesse sentido, é um princípio unificador da realidade.

## Espiritualidade centrada na Palavra

Num sentido amplo, podemos afirmar que toda a espiritualidade cristã é espiritualidade bíblica, enquanto está diretamente relacionada com a Palavra de Deus, que constitui a sua referência maior. Mas, de modo geral, entendemos por *espiritualidade bíblica* a vivência espiritual que nasce e se alimenta cotidianamente da Palavra de Deus e tem como modelo os protagonistas da história da salvação, na resposta ativa e responsável ao chamado de Deus e na aceitação e realização do seu projeto de salvação.

A *espiritualidade bíblica* é um processo evolutivo que acompanha o desenvolvimento diacrônico[11] da história da salvação. Deus transcendente revela-se no devir da história e a resposta humana se traduz na vida totalmente dedicada a Deus.

Entendida desta forma, a *espiritualidade bíblica* propõe a superação da dicotomia entre espírito e matéria, a qual entende a espiritualidade como o cuidado de uma parte do ser humano, o espírito, ao lado de outra, a matéria. Neste caso, a espiritualidade é uma tarefa importante ao lado de tantas

---

[10] CASTILLO, José M. *Espiritualidade para insatisfeitos*, p. 17.

[11] *Diacrônico*, palavra de origem grega (*dia* = por meio de, *cronos* = tempo), indica a evolução que o conceito de espiritualidade bíblica teve ao longo do tempo, na história da salvação.

outras, que tem a ver com uma parte e não com o todo do ser humano, e por isso corre o perigo de se tornar abstrata e desencarnada do contexto histórico. No universo bíblico, a pessoa humana é uma unidade, uma totalidade, uma existência animada pelo sopro de Deus, que é o seu Espírito.

A divisão do ser humano em alma e corpo, matéria e espírito é uma herança da filosofia grega que, ao longo da história, se cristalizou numa visão dualista e fragmentada da realidade. Nesse sentido, espiritualidade entra em conflito com a felicidade humana, com as aspirações mais profundas que todo ser humano traz dentro de si. Tem-se a impressão de que, quem se dedica à espiritualidade, deve renunciar a ser plenamente feliz, pois precisa renegar uma parte de si próprio.[12]

A espiritualidade bíblica não é sinônimo de práticas de piedade: oração, meditação, exame de consciência, reza do terço, entre outras. Estas práticas alimentam a vida espiritual. Convém lembrar que a liturgia é o alimento por excelência, indispensável para o crescimento na fé. Ela é o ápice da vida cristã, na qual a pessoa se alimenta da mesa da Palavra e da mesa Eucarística.

## O caminho histórico do termo espiritualidade

Na Bíblia, não se encontra a palavra *espiritualidade*, mas outros termos correspondentes, tais como *vida no Espírito*, de onde provém a expressão *vida espiritual*, entendida como totalidade da vida humana, motivada e determinada pelo Espírito de Jesus e do Pai.

O termo *espiritualidade* começou a ser usado no final do século XVII, na França, mais precisamente na escola

---

[12] CASTILLO, José M. *Espiritualidade para insatisfeitos*, pp. 11-12.

espiritual francesa, por isso é considerada filha da modernidade. Entretanto, uma pesquisa histórica mais aprofundada mostra que a palavra espiritualidade remonta à época patrística: ela se encontra num escrito atribuído a São Jerônimo (+ 420), mas que é de seu conterrâneo Pelágio (+ em torno de 423-429). A frase latina é a seguinte: *Age, ut in spiritualitate proficias*, que em português pode ser traduzido por: "Comporta-te do modo a progredires na espiritualidade". Nesta frase, o termo espiritualidade designa a vida segundo o Espírito de Deus e aberta a ulteriores realizações segundo a graça do Batismo.[13]

Um século mais tarde, ao traduzir o tratado *Da criação do homem*, de Gregório de Nissa, Dionísio, o menor, exprimiu o termo grego *pneumatike* com o termo latim *spiritualitas*, dando-lhe o seguinte significado: "Consiste na perfeição da vida segundo Deus". Este significado foi o que, de alguma forma, atravessou o tempo, chegando até nós.[14]

O Cristianismo do primeiro milênio não conheceu a separação entre teologia e espiritualidade. No Ocidente, é a partir do final do século XII que o discurso teológico começa a aproximar-se da filosofia e a revestir-se de uma forma científica. Os tratados, no sentido de sistematização lógico-formal, remontam ao século XVII e a cátedra universitária de espiritualidade foi instituída em Roma a partir de 1917. Num primeiro momento, foi denominada cátedra de ascética e mística. No século XX, introduziu-se o uso do termo "espiritualidades", no sentido de escolas de espirituais.

Aos poucos, o ensino da espiritualidade foi se consolidando e adquirindo uma identidade própria como disciplina autônoma, distanciando-se da experiência espiritual

---

[13] SECONDIN, Bruno; GOFFI, Tullo (org.). *Curso de espiritualidade*, p. 12.

[14] Id., p. 12.

propriamente dita. Atualmente, assistimos a um esforço de superação da dicotomia teologia x espiritualidade. A teologia deve alimentar e sustentar a vivência da fé e a experiência espiritual deve iluminar a teologia.

Como expressão de vida e de crença em determinados valores, a espiritualidade não constitui uma realidade autônoma, mas configura-se a partir dos elementos de uma cosmovisão relacionada ao contexto sociocultural e eclesial.

Para melhor compreender o alcance da espiritualidade bíblica e da Bíblia, como projeto espiritual e fonte perene de espiritualidade, é importante começar refletindo sobre o significado da experiência espiritual.

# 2
# Experiência espiritual

O tema da experiência espiritual é complexo e abrangente. Sua abordagem apresenta inúmeros desafios, particularmente neste momento da história, em que vivemos sob o signo da pluralidade em todos os campos do conhecimento e da atividade humana. Não nos defrontamos mais com visões uniformes e com soluções prontas, mas somos chamados e provocados a conviver com o diferente. Consequentemente, o cenário da experiência espiritual não se apresenta de forma monolítica, mas multifacetária. Os parâmetros que definem a experiência espiritual não são mais rígidos, mas flexíveis.

Experiência é um conceito que está entre os mais discutidos e difíceis de ser entendidos em nossa tradição ocidental. Não é possível aqui desdobrar todo o leque de seu rico e amplo significado.[1] Limitamo-nos, por isso, a uma perspectiva que nos permita relacionar Deus com a experiência humana, no contexto da nossa história concreta. Inicialmente, a compreensão etimológica do termo experiência pode abrir um caminho de entendimento deste conceito.

## 1. A compreensão do conceito

Etimologicamente, a palavra experiência é composta de três partes que formam um todo: *-ex* = preposição latina que significa "sair de; estar orientado para fora de; de dentro para fora; aberto a". Este significado exprime uma característica

---

[1] BOFF, L. *Experimentar Deus hoje*, p. 134-135.

básica do ser humano, que é a de estar orientado para fora de si, em diálogo e em comunhão com os outros e com o universo; *-peri* = expressão provinda do grego que significa "ao redor de, em torno de, movimento circular". Este significado exprime o desafio de conhecer, de ver e compreender a vida e o universo por todos os lados e a partir de diversos ângulos; *-ência* = expressão provinda do latim *scientia*, que significa ciência, conhecimento. A partir da etimologia, podemos, então, afirmar que *experiência* é o saber que o ser humano adquire ao sair de si e se confrontar com as pessoas, com a realidade e com o universo. É um saber complexo e vital que relaciona o ser humano com a alteridade e com a realidade. Em termos bíblicos, é um conhecimento que se aproxima da sabedoria.[2] A *experiência* não é um conhecimento teórico, mas uma *realidade vital* que consiste em conhecer por dentro; não significa apenas ciência, mas também *consciência*.

A *experiência* reflete-se no modo como conhecemos e nos situamos diante dos outros, da realidade que nos cerca e do universo. Por isso, ela se expressa em uma determinada ótica a partir da qual vemos e analisamos a realidade e os acontecimentos.

## Experiência espiritual

Quanto ao conceito de *experiência,* agregamos o termo *espiritual*; estamos nos referindo à relação do ser humano com o transcendente. O termo *espiritual* especifica a realidade com a qual o ser humano estabelece uma relação privilegiada: o Deus transcendente que se comunica com o ser humano na experiência de fé, que é dom e compromisso.

---

[2] FESTORAZZI, F. Experiência espiritual: Antigo Testamento. In: GOFFI, T.; SECONDIN, B. (org.). *Problemas e perspectivas da espiritualidade*, p. 25.

Frequentemente, falamos de Deus como uma realidade distante de nós, sem compromisso pessoal, como se ele não estivesse vinculado à nossa existência. Deus é nosso criador e senhor. Ele não está fora e distante de nós, mais dentro de nós e próximo, como fonte e sentido do nosso caminhar. Mas, ao mesmo tempo, ele nos ultrapassa.

Por isso, o conhecimento de Deus supõe sempre um risco, um desafio: se não arriscamos, se não entregamos nossa vida, jamais conheceremos a Deus. Esse arriscar é sempre enriquecido pela própria presença de Deus, que nos sustenta e dá forças e nos ajuda com sua graça.

A *experiência de Deus* nos realiza plenamente como seres humanos, percorrendo um caminho de ruptura e de criatividade: "Sai da tua terra, da casa de teu Pai e vai rumo a terra que vou te mostrar".[3] Também nós, como Abraão, somos convidados e estimulados a deixar a velha pátria e caminhar, na marcha arriscada e alegre em que Deus vai se revelando.

## Elementos e atitudes básicas

O conceito de experiência abrange dois elementos básicos: um *subjetivo*, em que o sujeito experimenta, penetra o objeto e se deixa penetrar por sua presença; outro *objetivo*, no qual o objeto é experimentado pelo sujeito, que percebe a sua presença. *Sujeito e objeto* relacionam-se reciprocamente.

Entre o *sujeito* e o *objeto* estabelece-se uma relação de conhecimento, que implica, simultaneamente, três atitudes básicas e relacionadas entre si: *receptiva*, própria do sujeito que acolhe o objeto; *interpretativa*, o sujeito interpreta a realidade percebida; *organizativa*, a consciência do sujeito organiza as informações recebidas.[4]

---

[3] Gn 12,1-3.

[4] BERNARD, C. A. *Introdução à teologia espiritual*, p. 26.

*Receber, interpretar, organizar* são ações interligadas, que formam o conjunto da experiência realizada pela pessoa.

## 2. Diferentes tipos de experiência

Como vimos, quando o objeto experimentado situa-se no domínio do espírito denominamos de *experiência espiritual*. Espírito entendido não dentro do universo dualista da contraposição espírito x matéria, mas como dimensão fundamental do ser humano.

Nesse sentido, *experiência espiritual* é sinônimo de vida espiritual.[5]

É importante distinguir os três diferentes tipos de *experiência*.

### Experiência religiosa

Em geral, denominamos de *experiência religiosa* a experiência do sagrado, que constitui parte integrante do ser humano, independentemente de credo ou de cultura. Ela se fundamenta na abertura do ser humano para o sagrado e na sua busca constante do transcendente.

A *experiência religiosa* tem a função de *re-ligar* o ser humano nas quatro dimensões básicas da sua existência: *re-liga* a consciência pessoal com a profundidade do seu ser; o eu com o outro; o presente com o passado; o mundo com Deus.[6]

Na contingência humana, a *experiência religiosa* apresenta alguns perigos: ser *ambígua* e criar ídolos; levar à *violência e ao fanatismo*; ser *manipulada* e transformar-se em *ideologia alienante*.[7]

---

[5] Ibid., p. 25.

[6] RECH, H. T. *As duas faces de uma única paixão*, p. 39.

[7] Ibid., p. 54.

## Experiência espiritual cristã de Deus

De modo geral, denominamos de *experiência espiritual cristã de Deus* a experiência de fé no Deus Trindade. Não é uma experiência *sobre* Deus, mas uma experiência *de* Deus. É uma experiência de fé que supõe a Revelação. É uma experiência globalizante, envolve todas as dimensões da pessoa humana: inteligência, afetividade, corporeidade, vontade, sensibilidade.[8]

## Experiência mística

O termo *mística* provém da palavra grega *mystikós* e designa o mistério escondido em Deus, o seu projeto de salvação. A *experiência mística* é uma experiência espiritual de maior intensidade. Está presente em todas as religiões. A história do cristianismo registra alguns momentos áureos da *experiência mística:* mística dos Padres do deserto, mística alemã, mística inglesa, mística espanhola, entre outras.

A partir dessa ampla compreensão do conceito de experiência, podemos refletir sobre a singularidade da experiência retratada nos textos bíblicos.

---

[8]   Ibid., p. 57.

# 3
# Experiência espiritual bíblica

Em suas páginas, a Bíblia comunica a experiência de fé e de comunhão com Deus, vivida pelo povo ao longo de sua história; experiência que abre perspectivas novas e lança para o futuro. Deus intervém na vida da pessoa humana e ela se torna interlocutora de Deus.

A *experiência espiritual bíblica* tem uma dúplice dimensão: *pessoal e comunitária*. Deus entra na vida da pessoa e provoca conversão e mudança de mentalidade. Mas essa ação de Deus não tem em vista única e exclusivamente a pessoa, mas a comunidade. Da experiência de Deus, amigo e defensor dos pequenos, nasce sempre um projeto de vida para o povo, que sela e perpetua essa passagem de Deus.

Deus chama não para permanecer passivamente na sua intimidade, mas para enviar em missão, tornando a pessoa participante do seu projeto de vida e liberdade para todos. Ao chamado de Deus e a uma experiência espiritual transformadora, corresponde sempre um envio, uma missão em favor do povo.

A missão de quem experimenta fortemente a presença de Deus em sua vida é a de narrar o que viu, ouviu e contemplou do Verbo da Vida.[1] Essa contemplação tem algumas características próprias.

---

[1]   Cf. 1Jo 1,1.

# 1. Características da experiência espiritual bíblica

Sem querer esgotar toda a riqueza espiritual contida na Bíblia, podemos afirmar que o itinerário privilegiado da experiência espiritual bíblica está *centrado em Deus*, uno e trino; é uma *experiência humana*, radicada na *história* e alimentada no *cotidiano* das pessoas, chamadas à comunhão com Deus.

Vamos considerar brevemente cada um destes aspectos.

## Experiência teocêntrica

Na trajetória de Israel, é o Senhor que liberta e confere identidade ao ser humano, constituindo-o como povo escolhido, destinatário da promessa. Ele é o centro da experiência espiritual, concretizada como resposta ao chamado divino. O Senhor oferece ao ser humano a possibilidade de viver, mostra-lhe um caminho para o futuro e lhe pede conta da liberdade e da responsabilidade mal empregadas.

O ponto de partida da experiência espiritual bíblica é a *iniciativa gratuita de Deus*. É, por conseguinte, uma *experiência teocêntrica*. A palavra divina, na sua ação criadora e renovadora, *desce do céu e para lá não volta, sem ter regado a terra, tornando-a fecunda e fazendo-a germinar.*[2]

A experiência espiritual é a resposta do ser humano ao Deus que chama porque ama. O chamado é sinal do amor de Deus para com a pessoa. É uma realidade dinâmica em que o ser humano vai compreendendo e descobrindo que o Deus que chama é mistério. Deus é o primeiro e o último,[3] o alfa e o ômega de toda a espiritualidade bíblica.

---

[2] Is 55,10.

[3] Cf. Is 41,4; 44,6.

## Experiência humana

A experiência espiritual de Israel é paradigmática e tem um significado perene. Para além das circunstâncias históricas e dos aspectos externos, traz um ensinamento que ultrapassa os tempos e os espaços, porque tocam a essência e a totalidade do ser humano, responde às suas interrogações e corresponde às suas exigências mais profundas.

Com as perguntas fundamentais relacionadas a Deus que perpassam todo o texto Bíblico – Quem é Deus? Onde encontrá-lo e como discernir sua vontade? –, estão também as perguntas relacionadas ao ser humano – Quem é o ser humano? Qual o sentido da sua existência? Por isso, a experiência espiritual bíblica é teológica, porque é um diálogo com Deus e, ao mesmo tempo, antropológica porque é uma experiência vivida na condição humana e não fora ou para além dela.

Deus respeita os limites do ser humano. Ele se revela de forma progressiva e dinâmica, convidando a percorrer um caminho de fé rumo a uma visão sempre mais elevada e a um conhecimento sempre mais profundo do seu mistério.

Todo encontro profundo com o Senhor deixa marcas indeléveis no ser humano, o qual, transformado pela graça divina, sente-se comprometido com o projeto de Deus.

## Radicada na história

Um princípio básico que sustenta a trajetória do povo de Israel é a convicção da presença salvífica de Deus na história. Ele, eterno e transcendente, age no mundo, compartilhando a relatividade do tempo. Israel sempre manteve vivo o significado salvífico do presente histórico, enraizado no passado e projetado para o futuro. Toda a história é vivida em tensão dinâmica para o futuro, concebido como cumprimento definitivo das promessas.

Deus não é um conceito abstrato, separado da vida, nem uma simples teoria, que pode ser manipulada pela inteligência humana. Ele permanece sempre um mistério insondável. O ser humano pode conhecê-lo porque ele mesmo se revela no livro da história, que vamos escrevendo junto com ele.

A história é o lugar da revelação de Deus e da salvação. O ser humano acolhe o dom da salvação dentro da história, e não fora dela. A história é uma contínua epifania de Deus.

A experiência espiritual de Israel, exatamente por estar inserida no concreto da história, é dinâmica e permanece aberta ao desafio do futuro, pois a cada momento Deus se manifesta de modo novo e surpreendente.

## Alimentada no cotidiano

Deus se revela ao povo como um Deus do cotidiano. Ele fala e escuta, faz sentir a sua solidariedade e sua proximidade, nas grandes e pequenas histórias, na dor e na alegria, no discurso e no filigrana do pensamento humano.

A espiritualidade bíblica não é intimista e abstrata, mas se alimenta da vida cotidiana e se expande nas duas direções sinteticamente desenhadas pelo Decálogo: a vertical-teologal e a horizontal-social.

O ponto de partida é sempre o particular e o concreto. O acontecimento particular tem implicações universais. Deus revela-se na cotidianidade da vida, mas é o Senhor da vida e da história: a universalidade está implicada na particularidade. Nela se capta o sentido da universalidade.

## Relacional: ser humano e Deus

A experiência espiritual de Israel é uma relação íntima e profunda com o Senhor da Vida. À epifania de Deus, o ser humano responde, acolhendo ou rejeitando o dom que lhe é oferecido. E no abraço entre graça e fé, entre transcendência e finitude, entre eterno e tempo que acontece o diálogo místico entre Deus e o ser humano.

A linguagem das relações humanas é aplicada ao mistério da relação entre Deus e a pessoa. Deus é, por excelência, o "parente" mais próximo do ser humano. A expressão *go'el* se refere justamente à função do parente juridicamente responsável pela pessoa do seu clã, que se torna órfã, escrava, resgatando, libertando, vigiando e protegendo. O êxodo é o gesto mais sublime da função do *go'el*, levada a cabo pelo Senhor em prol de seu "filho primogênito, Israel". A morte de Jesus na cruz é o gesto supremo da parentela de Deus com a humanidade: com efeito, ele veio para "dar a vida em resgate de muitos",[4] tornando-se assim, mediador perfeito *que se deu em resgate de muitos.*[5]

Essa relação de parentesco se expressa nas relações familiares. Deus é: *pai* cheio de afeto para com suas criaturas, que podem invocá-lo como *Abba*; tem um coração de *mãe*: "Por acaso uma mulher se esquecerá de sua criancinha... Eu não me esquecerei de ti".[6]

A relação de Deus com o ser humano abarca a dimensão social. Deus é *amigo* de todos, particularmente daqueles que têm uma missão significativa na história da salvação. Sua função régia é, por conseguinte, cósmica e histórica. E Reino de Deus é o projeto de harmonia e de paz, que ele quer atuar na história e que inaugurou solenemente por meio de Jesus Cristo, começando aqui, pela transformação das realidades humanas, mas o *Reino não é deste mundo.*[7]

---

[4]   Mc 10,45.

[5]   1Tm 2,6.

[6]   Is 49,15.

[7]   Jo 18,33-37.

## Deus que chama à comunhão

O chamado de Deus não é um privilégio, mas uma missão que tem como destinatário a comunidade. Abraão, Moisés e os profetas não são chamados tendo como critério o mérito, mas a *diaconia*. São *servos*. Como *servos* têm a responsabilidade de conduzir e fazer crescer a comunidade, tornando-a o lugar em que cada pessoa se sente irmão e irmã e se compromete com o projeto de Deus.

O Deus vivo se apresenta a Israel como um *Deus-para--o-ser-humano*, um Deus que busca a comunhão com as pessoas. Estamos no vértice do mistério de Deus e da história da salvação: o Deus vivo, comunhão trinitária, envolve nesse mistério o próprio ser humano. É a experiência da humanidade a caminho da comunhão definitiva e completa com Deus.

A partir dessas características da experiência espiritual bíblica é possível compreender também as suas dimensões.

## 2. Dimensões da experiência espiritual

Na Bíblia, a experiência espiritual apresenta três dimensões intrinsecamente relacionadas entre si: *experiência de si; experiência da alteridade e experiência do sagrado.*

### Experiência de si

A percepção da *experiência de si* é a dimensão humana, básica e fundamental, para que aconteça a experiência. É a autoconsciência do que somos e do que ocorre conosco e a percepção da nossa relação com os outros.

A *experiência de si* é, para o ser humano, processual: ser capaz de aprender com o passado, viver o presente e projetar--se no futuro. Não é introversão, mas relação. Por isso é, ao mesmo tempo *experiência de interioridade*: possuir-se, saber-se livre, chamado a realizar-se; e *experiência de exteriorida-de*: confronto com o diferente e abertura para o mundo, sentir-se parte dele, sendo um ser humano entre outros seres, com a missão de transformá-lo para que se torne morada digna, santuário da vida.

Essa *experiência de si* é também relação com *o outro*, que acontece na comunicação interpessoal, e com *Deus*, que se dá na dependência dele, pelo qual o ser humano foi criado e no qual existe. É relação com Deus mediante a fé, a confiança e a dependência filial. É a capacidade de amar e de ser amado; é abertura para o outro, para o mundo e para Deus.

## Experiência da alteridade

Na experiência espiritual, ao mesmo tempo em que percebemos a nós mesmos, percebemos também a existência do outro. Por isso, fazemos a *experiência da alteridade*. Viver como ser de relação significa "con-viver", significa ser para o outro, na interação social. A relação eu-tu supõe maturidade afetiva para vivenciar encontros verdadeiramente humanos de crescimento.

## Experiência da transcendência

A experiência espiritual é experiência de alguém que nos transcende. Para nós, cristãos, de alguém que é, ao mesmo tempo, transcendente e imanente; alguém que está extremamente distante e, ao mesmo tempo, próximo de nós, como companheiro de caminhada. É o Deus em que vivemos, nos movemos e existimos.[8]

---

[8] Cf. At 17,28.

# 3. Componentes da experiência espiritual cristã

O contexto histórico da experiência espiritual implica duas categorias fundamentais relacionadas entre si: *o tempo e o espaço*. Como seres humanos, estamos profundamente vinculados a estas duas realidades e elas incidem no modo de codificar a experiência espiritual.

## Experiência codificadas em formas históricas

A experiência espiritual é uma realidade viva e dinâmica; está profundamente enraizada no contexto histórico em que nasce e se desenvolve, está condicionada às mudanças socioculturais. Disso decorre a existência de diferentes espiritualidades, no seio das quais acontece a experiência espiritual. Pode-se, então, falar de *espiritualidade antiga*, como a beneditina; *medieval*, como a franciscana; *moderna*, como a *devotio moderna*; *contemporânea*, como a de libertação, entre outras que enriquecem a tradição cristã.

A experiência espiritual se inscreve na história, na cultura própria do seu tempo, mas transcende o horizonte da história, fazendo irromper o eterno no tempo. Existem experiências espirituais profundas que são trans-históricas, no sentido de que atravessam a história e persistem ao longo dos séculos, como fonte perene de inspiração. São as experiências fundantes das religiões e dos diferentes carismas na Igreja, que, nos mais variados contextos, continuam sendo ressignificadas e atualizadas.

O que caracteriza a experiência espiritual é a busca, na fé, na esperança e no amor, da comunhão com o Mistério eterno e imutável; mistério que envolve o ser humano no tempo, mas o transcende infinitamente. É uma busca no tempo, mas que supera o tempo; é uma busca no espaço, mas que supera o espaço.

## A relação tempo-eternidade

Na experiência espiritual, há algo que ultrapassa o tempo, sem, contudo, supri-lo. Não existe contraposição, mas interpenetração entre tempo e eternidade. Pode-se afirmar que a experiência religiosa se dá na temporalidade eterna ou na eternidade temporal. É o "tempo favorável, o dia da salvação".[9] Para expressar essa relação entre tempo e eternidade, Santo Agostinho usa a expressão: história grávida de Cristo.

Tendo presente essas características, dimensões e componentes da experiência espiritual bíblica, podemos considerar o testemunho de alguns personagens marcantes do Primeiro e Segundo Testamentos.

---

[9] 2Cor 6,2.

# 4
# A experiência espiritual do Primeiro Testamento

Existem muitas portas abertas para entrar nos textos bíblicos pelo viés da espiritualidade. São opções todas elas válidas. Podemos lembrar algumas:

- seguir as grandes etapas da história do povo desde as origens até as comunidades cristãs;

- considerar os blocos literários: Pentateuco, tradição Deuteronomista, escritos proféticos, escritos sapienciais, escritos Apocalípticos e o Saltério;

- analisar a espiritualidade que emerge de cada um dos 73 livros que formam a Bíblia;

- refletir sobre temas de espiritualidade escolhendo os textos sobre enfoques específicos, como: Jesus Cristo, o perdão, o amor, a compaixão, a Trindade, entre outros;

- enfocar personagens bíblicos.

Dada a abrangência de cada uma destas opções, a nossa escolha limitou-se a alguns personagens bíblicos do Primeiro Testamento: Abraão, Jacó, Moisés, o rei Davi, Jeremias e salmo 51. No Segundo Testamento, Jesus como o centro da espiritualidade cristã. Maria e Paulo pela sua importância nas comunidades cristãs primitivas e na História da Salvação.

Acreditamos que esta escolha, que prioriza pessoas cuja resposta ao chamado de Deus foi exemplar, poderá nos estimular a uma vivência radical da espiritualidade bíblica do seguimento de Jesus, no hoje da nossa história.

## 1. Abraão: abençoarei os que te abençoarem

A história de Abraão encontra-se na Bíblia depois das narrativas de origem: do universo, do ser humano, dos animais, da vegetação. Numa rápida recapitulação chegaremos a Abraão. Deus abençoa o ser humano e os animais e lhes dá ordens de crescerem e se multiplicarem,[1] enchendo a terra. Mais adiante nos deparamos com a "decepção" de Deus que expulsou o ser humano do jardim do Éden.[2] Prosseguindo na leitura, Deus pergunta a Caim: "Onde está o teu irmão Abel? Que fizeste, ouço o sangue de teu irmão, do solo clamar por mim! Agora és maldito e expulso do solo fértil que abriu a boca para receber de tua mão o sangue de teu irmão".[3] Deus viu que a maldade do homem era grande sobre a terra, e que era continuamente mau todo desígnio de seu coração. E o Senhor arrependeu-se de ter feito o homem sobre a terra e o seu coração se afligiu. Deus enviou o dilúvio sobre a terra "para exterminar debaixo do céu toda carne que tiver sopro de vida", tudo ele fez perecer.[4] Mas em Noé, Deus fez ressurgir a vida, fazendo uma nova criação: "Sede fecundos, multiplicai-nos, enchei a terra".[5] E novamente a humanidade quis a sua autonomia construindo o seu projeto de vida sem Deus: "Vinde! Construamos uma cidade e uma torre cujo ápice penetre os céus! Façamo-nos um nome e não sejamos dispersos sobre

---

[1]  Cf. Gn 1,28.22.

[2]  Cf. Gn 3,23-24.

[3]  Cf. Gn 4,9-11.

[4]  Cf. Gn 6,5-6.17; 9,1.

[5]  Cf. Gn 9,1.

toda a terra".[6] Mas o Senhor desfez os seus planos e chamou a cidade de Babel.

O que era dom inicial do Senhor pela criação tornou-se maldição ao longo dos onze primeiros capítulos da Bíblia. Mas Deus não "desanimou", continuou apostando no ser humano que criou com tanto amor e olhou para Taré, pai de Abraão, e iniciou com o seu filho uma nova história. Vamos conhecer a narrativa da genealogia do pai, para melhor conhecermos, segundo o autor bíblico, as origens de Abraão:

Eis a descendência de Taré: Taré gerou Abrão, Nacor e Arã. Arã gerou Ló. Arã morreu na presença de seu pai Taré, em sua terra natal, Ur dos caldeus. Abrão e Nacor se casaram: a mulher de Abrão chamava-se Sarai; a mulher de Nacor chamava-se Melca, filha de Arã, que era o pai de Melca e de Jesca. Ora, Sarai era estéril e não tinha filhos. Taré tomou seu filho Abraão, seu neto Ló, filho de Arã, e sua nora Sarai, mulher de Abraão. Ele os fez sair de Ur dos caldeus para ir à terra de Canaã, mas, chegados à Harã, ali se estabeleceram. A vida de Taré foi de duzentos e cinco anos, depois ele morreu em Harã.[7]

Esta é a história das origens de Abraão, tido como pai do povo de Israel. Na tradição judaica, cristã e islâmica, é o pai da fé; ele acreditou no Deus UM, mesmo que esse processo tenha sido gradual, pois nos textos bíblicos Deus é identificado com diferentes nomes, o que pode também ser um indicativo de terem sido diferentes divindades: El, Altíssimo, El Shadai e outros, pois em cada localidade havia a sua divindade principal. Na tradição bíblica o Deus do povo da Bíblia é conhecido

---

[6] Cf. Gn 11,4.8.

[7] Gn 11,27-32.

com um nome impronunciável YHWH.[8] Cada vez que aparece este tetragrama, ele é chamado de Adonai, que significa "meu Senhor".

Segundo a compreensão dos antigos, o nome não apenas identifica a pessoa, mas determina a sua natureza e a mudança de nome indica mudança de destino. Abrão, depois da aliança com Deus, passa a ser chamado de Abraão, que significa "pai de multidão" (Gn 17,5); do mesmo modo Sarai, esposa de Abraão, passa a se chamar Sara; ambos os nomes significam "princesa", mas de Sara nascerão reis de povos (Gn 17,15s), ou seja, dos seus descendentes.

Todos os povos tinham as suas divindades, cada qual tinha o seu deus predileto, pode-se dizer que era o deus nacional, cultuado por todo o povo, embora houvesse outras divindades cultuadas no mesmo território. Era uma forma de falar da transcendência nas manifestações da natureza e de sua ação no universo. A experiência de transcendência havia em todos os povos, que davam nomes diferentes a essas manifestações da transcendência. Abraão viveu nesse contexto politeísta. O texto bíblico fala de diversos nomes para falar do deus dos pais: El, o Altíssimo, El Shadai, sem negar a existência de outras divindades. Abraão até pode ter sido um politeísta em Ur da Caldeia, de onde saiu, mas acabou seguindo uma orientação que lhe veio do Deus que tinha um projeto para ele, a quem chamavam de: "o Deus dos pais". Ele teria percebido que havia tantos deuses que nada lhe tinham garantido na vida. A um dado momento, também ele teria feito a sua escolha por UM só Deus, que posteriormente recebeu o "nome" de YHWH. Esse Deus lhe teria pedido para partir e ir à busca de uma terra, de uma descendência, de um grande nome.

---

[8] Cf. YHWH corresponde ao imperfeito do verbo "ser" com significado de futuro, na língua hebraica. Ele será uma afirmação sobre a divindade. YHWH será o Deus de Israel e Israel será o seu povo.

## O Deus de Abraão desafia sua fé

A narrativa sobre o chamado de Abraão e o sacrifício de Isaac são dois textos escolhidos para percebermos o caminho espiritual de Abraão. Iniciamos pelo chamado de Deus a Abraão em Gn 12,1-9. Será interessante a leitura do texto bíblico que nos situa ao longo da reflexão sobre o mesmo. Nele vamos focar nossa atenção sobre a relação que se estabelece entre Deus e Abraão. Chama-nos a atenção desde o início que só Deus é quem fala, e em nenhum momento Abraão abre a boca para lhe dirigir uma palavra. Deus lhe pede para partir, promete-lhe uma descendência, a bênção, um grande nome e ele continua em silêncio, mas é um silêncio ativo, pois obedeceu às ordens de Deus: "Abraão partiu como lhe disse o Senhor... atravessou a terra..." (v. 6). Outra vez Deus se dirige a Abraão para lhe dizer que "É à tua posteridade que darei esta terra". Abraão nada lhe respondeu, mas "construiu aí um altar..." (v. 7.8). Por duas vezes ele repete o gesto de erigir um altar ao Senhor. Esta é a resposta de Abraão aos planos do Senhor sobre ele.

Observe, no texto que segue, a ordem do Senhor a Abraão, de partir para uma terra que ele lhe mostrará a seu tempo. Deve partir sem saber exatamente para onde, está sem destino, como um andarilho. Além das promessas, pediu-lhe que fosse uma bênção e abençoasse a quem o abençoasse e amaldiçoasse a quem o amaldiçoasse. Quando Abraão chega a Siquém, novamente o Senhor lhe aparece para dizer-lhe que é aos descendentes que dará a terra. Vamos mergulhar no texto:

> O Senhor disse a Abrão: "Sai da tua terra, da tua parentela e da casa de teu pai, para a terra que te mostrarei. Eu farei de ti um grande povo, eu te abençoarei, engrandecerei o teu nome; sê uma bênção! Abençoarei os que te abençoarem, amaldiçoarei os que te amaldiçoarem. Por ti serão benditos todos os clãs

da terra". Abrão partiu, como lhe disse o Senhor, e Ló partiu com ele. Abrão tinha setenta e cinco anos quando deixou Harã. Abrão tomou sua mulher Sarai, seu sobrinho Ló, todos os bens que tinha reunido e o pessoal que tinham adquirido em Harã; partiram para a terra de Canaã, e lá chegaram. Abrão atravessou a terra até o lugar santo de Siquém, no Carvalho de Moré. Nesse tempo os cananeus habitavam nesta terra. O Senhor apareceu a Abrão e disse: "É à tua posteridade que eu darei esta terra". Abraão construiu ali um altar ao Senhor, que lhe aparecera. Dali passou à montanha, a oriente de Betel, e armou sua tenda, tendo Betel a oeste e Hai a leste. Construiu ali um altar ao Senhor e invocou seu nome. Depois, de acampamento em acampamento, foi para o Negueb (Gn 12,1-9).

Três aspectos intrigam nesta narrativa: o que há de extraordinário nessa partida? É a busca da descendência, da terra, de um grande nome? Como entender: "... abençoarei os que te abençoarem e amaldiçoarei os que te amaldiçoarem?". Depois de uma longa caminhada, Abraão chega a Siquém e Deus lhe aparece dizendo: "É à tua posteridade que darei esta terra", quando ele era um errante?

## O Deus de Abraão o desinstala

O povo da Bíblia não tem duas histórias, uma profana e outra sagrada, uma em família e outra em sociedade, uma na política e outra religiosa, como se fosse possível dividir a vida em compartimentos. Não. Mas é uma só história, em que a experiência de vida e fé se funde numa única história da salvação. A vida não era fragmentada na sua prática, como se fosse possível assumir uma identidade em família, outra na sociedade, outra ainda na política e outra diferente na religião. A fé no Deus UM os comprometia a viverem de forma coerente com os seus princípios na vida pessoal, social, política, econômica e religiosa.

Deus chama Abraão e lhe pede para partir: "Sai da tua terra!". É uma ordem de Deus, na qual Abraão acredita e carrega no seu coração a promessa de uma terra, de uma numerosa descendência e de um grande nome. Ele nada fala, nada questiona; antes, obedece e entende que é preciso partir. Essa partida acontece em meio a um movimento de migração que já havia começado ao sair de Ur dos Caldeus, após a morte do irmão, Arã. Abraão, agora, é convidado a deixar para trás Harã, após a morte do seu pai Taré. Abraão percebeu no interno desse movimento migratório o apelo de Deus. Ele parte na radicalidade da pobreza e da obediência rumo ao desconhecido. Essa radicalidade não diz respeito à pobreza material, porque ele leva tudo o que possuía, nem se trata de uma separação radical com a família, porque ele leva consigo a sua esposa, o sobrinho Ló, os servos; nem mesmo se trata de uma ruptura com o seu passado, porque a vida de Taré se prolonga em Abraão e Nacor. A vida de Arã se prolonga na vida do filho Ló. A vida não se interrompe, passa de pai para filho, como a bênção dada em Gênesis 1,28 é confirmada em Gênesis 12,3, e esta também não se interrompe.

Onde está, então, a diferença substancial entre a primeira partida de Ur dos Caldeus com a segunda partida de Harã? Está na obediência a uma ordem de Deus: "Sai da tua terra, da tua parentela e da casa de teu pai, para a terra que te mostrarei". Só dessa forma Abraão poderá ir ao encontro da vida, acolhendo o projeto de Deus e deixando-se conduzir por ele. Não é mais Abraão quem decide sobre a sua vida, mas é Deus. A genealogia do pai de Abraão, que parecia ser uma genealogia comum, como tantas, com uma narrativa de partida, apresenta o mistério de toda a vida de Abraão, mais ainda, de toda a história de Israel. Nela se percebe um jogo constante entre a vida e a morte. Uma história na qual a vida é sempre assinalada pelo mistério da morte, e da morte nasce sempre a vida. Abraão recebe a promessa de um filho e, no entanto, a esposa é estéril. Quando Sara, por obra de Deus, concebe e dá à luz Isaac, é preciso sacrificar o filho. Assim, também a história de Israel desde os seus inícios é um constante sair da morte gerada pela fome em Canaã para ir à busca da sobrevivência no Egito; e um sair da morte pela escravidão e o sofrimento para entrar na vida para a liberdade na terra prometida. Para saber quem é Israel, é preciso olhar para o seu pai, Abraão. Para saber quem é Abraão, é preciso olhar para Taré, cujo filho Arã, e irmão de Abraão e Nacor, morreu ainda antes de partir de Ur dos Caldeus. Essa é a família de Abraão. Quem está morto, vive porque sua vida se prolonga no filho; quem está vivo, parece estar morto porque é estéril, como Sara. Mas Sara concebe e dá a luz um filho: Isaac. Isaac, por sua vez, vai à busca de uma esposa e encontra Rebeca entre os descendentes de Nacor, seu tio. Mas Rebeca era estéril;[9] Isaac orou, Deus ouviu a sua oração e Rebeca concebeu e deu à luz gêmeos: Esaú e Jacó. A promessa de Deus se realiza e se multiplica na descendência.

## *O Deus de Abraão pede-lhe abertura incondicional*

O chamado de Deus coloca Abraão numa situação de total exposição ao arbítrio dos outros. Ele torna-se um imigrante, um estrangeiro, numa terra que jamais poderá ser sua. Diferente da condição de quem está de passagem, por turismo, ou por algum negócio, ou por um trabalho temporário. O termo hebraico *gher* usado para Abraão significa estrangeiro, imigrante, e ele sempre o será, porque tem uma cor diferente, uma pele diferente, um sotaque diferente, fala outra língua, têm hábitos diversos, outra mentalidade; é uma situação de extrema exposição e de pobreza, porque não possui direitos. É o estatuto de pobreza máxima, nada pode reivindicar. E, no

---

[9]    Gn 25,21.

entanto, Israel é chamado a cuidar do órfão, da viúva e do estrangeiro, porque representam os últimos do povo, aqueles que não têm ninguém para defender os seus direitos. Por isso, Israel deve tornar-se o defensor deles, estar junto deles, ser a revelação do rosto de Deus que é o Pai de todos, do órfão, da viúva e do estrangeiro. A Bíblia faz inúmeras advertências ao povo para acolher o estrangeiro, o órfão, a viúva.[10]

Abraão é chamado por Deus a viver essa situação de pobreza radical e, por isso, se torna juízo para todos os homens, porque aqueles que o abençoarem serão abençoados e os que o amaldiçoarem serão amaldiçoados. Ou seja, Abraão é aquele que pede a abertura do coração ao diferente, que pede a abertura do coração àqueles que têm todos os direitos, em favor dos que não têm mais nenhum direito. O que está em jogo com Abraão é a capacidade de acolhida, de reconhecer naquele que não tem direitos o portador da bênção. É isso que está em jogo na vocação de Abraão.

Se de um lado é a Palavra de Deus que coloca Abraão na total precariedade, por outro lado, ela revela que a única segurança está na própria Palavra de Deus. Porque Abraão entra na terra, mas ela é uma promessa, não para ele, e sim para os seus descendentes. Entra nela como estrangeiro, não tem direito à terra, mas sua esposa morreu e ele precisa enterrá-la. Abraão teve que comprar um pedaço de terra para a sepultura de Sara. Por mais sofrido e contraditório que pareça ser, este foi o início da realização da promessa, o lugar da sepultura.[11]

Deus chama Abraão e não lhe dá uma justificativa, mas ele é convidado a obedecer sem saber os motivos da sua ordem de partir. Só pode ser um ato de fé a movê-lo; não há

---

[10] Lv 22,20-21; Ez 22,7.

[11] Cf. Abraão comprou o campo de Macpela (Gn 25,9-10).

motivos plausíveis para a partida daquele que acredita. Há uma única razão: é Deus quem pede e esse chamado está em conexão com a bênção ligada ao nome e à terra: "Eu farei de ti um grande povo, eu te abençoarei, engrandecerci teu nome e o tornarei uma bênção! Abençoarei aqueles que te abençoarem e amaldiçoarei aqueles que te amaldiçoarem. Por ti serão benditos todos os clãs da terra" (Gn 12,2-3). Todos os que acolherem o imigrante, o estrangeiro, o pobre, o sem direitos, como a Abraão, estes serão abençoados; e os que os rejeitarem e maltratarem serão amaldiçoados.

## O Deus de Abraão abençoa e convida a ser bênção

Abraão torna-se o intermediário da bênção para toda a história humana. O reconhecimento da bênção dada a Abraão é o reconhecimento de Deus como origem da vida e da bênção. Abraão reconhece Deus como origem da vida, por isso, é um abençoado. Para os que reconhecerem Deus como aquele que abençoa Abraão, também eles serão abençoados; mas se não reconhecerem Deus como o princípio da bênção, serão amaldiçoados. Abraão condiciona a história, pois o abençoado torna-se bênção para os outros. Essa é a dinâmica da história da salvação. Aquele que aceita a bênção de Deus torna-se bênção para os outros, e estes, ao reconhecerem o abençoado, se tornam bênção e serão abençoados. Se não o reconhecerem como o abençoado, não serão bênção nem abençoados; antes, serão amaldiçoados: "Abençoarei os que te abençoarem e amaldiçoarei os que te amaldiçoarem. Por ti serão benditos todos os clãs da terra" (Gn 12,3).

Abraão torna-se o núcleo fundamental para uma relação plena com a vida que é reconhecida como vida que vem de Deus, como vida dada por Deus, portadora de bênçãos. A origem do dom da vida é Deus. A bênção como relação plena com a vida desde a sua origem. A bênção é dimensão fundamental

da vida do ser humano, da terra, da fecundidade e da eternidade onde haverá vida plena. Deus promete a Abraão dar-lhe
uma terra, torná-lo um povo numeroso, dando-lhe também um
grande nome. Abraão, acolhendo o chamado de Deus de partir, redime toda a história que o precede: Adão e Eva não souberam reconhecer o dom de Deus na sua ordem de não comer
da árvore do conhecimento do bem e do mal. O grande dom
que os permitia viver em plenitude. Eles não souberam reconhecer o dom e a bênção, dando início à maldição da terra: "...
maldito é o solo por causa de ti".[12]

Caim não reconheceu a própria vida e a vida do irmão
como dom, como bênção de Deus, e se apropriou do dom,
eliminando-o. Não reconheceu o modo diverso com que Deus
abençoou a ele e a seu irmão. Rejeitou a bênção e entrou na
maldição, e agora tornou maldito o ser humano.[13] Tanto é que
o próprio Deus parece arrepender-se de ter criado o ser humano: "O senhor viu que a maldade do ser humano era grande
sobre a terra, e que era continuamente mau todo o desígnio
de seu coração. [...] E disse Deus: 'Farei desaparecer da su-
perfície da terra os homens que criei...'";[14] com o dilúvio, a
maldição cresce e aumenta até a torre de Babel.[15] É como se a
bênção não fosse mais dada por Deus, e sim construída pelo
próprio ser humano, preocupado com o seu projeto.

Abraão é apresentado como o avesso de Adão e Eva, de
Caim, da Torre de Babel. É o contrário de Adão e Eva, que não
obedeceram à ordem de Deus; o contrário de Caim, porque
este deve fugir da própria maldição, enquanto Abraão caminha em direção à realização da bênção. Abraão é o contrário

---

[12]  Gn 3,17.

[13]  Gn 4,11.

[14]  Gn 6,5-7.

[15]  Gn 11,1-9.

dos construtores da Torre de Babel, porque eles buscam a estabilidade construída por eles mesmos; ao invés, Abraão parte para obedecer a Deus. Os construtores da torre de Babel buscam o próprio nome construído por eles, enquanto Abraão renuncia a seu nome, a seu passado, para receber de Deus um "grande nome", cuja memória perpassou séculos e é lembrado até hoje.

Abraão, ao acolher o chamado de Deus, entra na maldição, enquanto estrangeiro e sem filhos, bendizendo a Deus e acreditando no Deus da bênção e da vida. Ele torna-se um abençoado por Deus e responde abençoando, dizendo bem de Deus, "bendizendo". A maldição se transforma em bênção. Abraão se torna a figura daquele que acredita e se abandona em Deus mesmo num contexto de morte, para encontrar a verdadeira vida, como disse Jesus: "Pois aquele que quiser salvar sua vida, a perderá; mas o que perder sua vida por causa de mim e do Evangelho, a salvará". Torna-se, assim, a figura daquela realização definitiva da entrada da bênção na maldição. A bênção transforma radicalmente a morte em vida, como foi a vida daquele que era considerado um maldito, porque foi pregado num madeiro e, no entanto, tornou-se bênção para todos, abrindo-nos as portas da vida eterna: "Por que procurais entre os mortos aquele que vive? Ele, não está aqui; ressuscitou",[16] disse o anjo às mulheres. É a entrada na vida plena, do Bendito, do único Justo, o Senhor Jesus!

## *O Deus de Abraão, em Jesus, assume a história humana*

É Jesus que definitivamente leva ao cumprimento a vida de Abraão, entrando na maldição, como diz Paulo ao falar de

---

[16]  Lc 24,5-6.

Jesus na carta aos Gálatas: "Tornou-se maldição por nós", não só porque é maldição o morrer,[17] mas porque está escrito: "Maldito todo aquele que está suspenso no madeiro, a fim de que a bênção de Abraão em Cristo Jesus se estenda aos gentios...".[18] Para libertar a humanidade da maldição, que a transgressão da lei fez pesar sobre ela, Jesus se fez solidário dessa mesma maldição. Jesus entra em plena comunhão com o Pai e com os homens, porque entra na morte em obediência ao Pai para salvar toda a humanidade da maldição: "Aquele que não conheceu o pecado, Deus o fez pecado por causa de nós, a fim de que, por ele, nos tornemos justiça de Deus". O que deveria ser o lugar da máxima alienação tornou-se com Jesus comunhão com o Pai e com a humanidade, ou seja, o lugar da bênção. Mas é a bênção de Abraão. E Jesus se faz maldição para que a bênção de Abraão chegue a todos. O estatuto de imigrante, estrangeiro, de Abraão é revivido por Jesus, que nasce numa terra que não é a sua, nasce numa gruta, não foi acolhido no meio do seu povo, é um estrangeiro; como estrangeiro também morre, fora dos muros de Jerusalém. Essa entrada na maldição é o caminho da vida, é o caminho da bênção que se torna bênção para todos.

Abraão acolheu o chamado de Deus, por isso é um abençoado. Todos poderão se tornar como ele: uma bênção. Esse é o modo pelo qual Abraão tornou-se mediação de bênção. É o desejo de ser bênção que nos torna semelhantes a ele: bênção para os outros. O caminho da bênção é daquele que se decide tornar-se como Abraão na obediência a uma ordem, não como uma iniciativa própria, mas em resposta a um convite. A decisão é de aceitar o dom de tornar-se forasteiro, para poder possuir a terra só no momento em que se morre. Esse é o

---

[17]  Gn 3,3.
[18]  Gl 3,13-14.

destino daquele que acredita, o caminho que somos chamados a fazer nos passos de Abraão e como Abraão. No seguimento do Senhor Jesus, como o Senhor Jesus, obedecendo ao Pai: "não procuro a minha vontade, mas a vontade daquele que me enviou...";[19] aceitando uma partida que corresponde à renúncia de todos os nossos direitos, para poder ser reconhecido como estrangeiro, necessitado de tudo, sem nada a defender; antes, com tudo a ser dado, porque nada é nosso, tudo foi recebido, tudo é partilhado, até mesmo a sepultura, a última morada neste mundo, que, como a de Jesus, pertencia a José de Arimateia.[20] Morreu como estrangeiro.

## O Deus de Abraão é dom permanente

Abraão é peregrino, sem terra, sem lugar para ficar, sem segurança; quando ele pensa ter chegado à terra onde tomaria posse, esta não é sua, é para os seus descendentes. Ele continua peregrino e estrangeiro na terra prometida aos seus descendentes. Ela jamais poderá ser posse, porque senão deixaria de ser dom. Não temos aqui morada permanente, como Abraão; somos todos peregrinos, estrangeiros, usufruímos do dom da terra, por algum tempo. E novamente ela será uma terra prometida para os descendentes, como dom de Deus que será sempre dada novamente. A humanidade está constantemente em busca do dom, da nova terra que um dia será definitiva; só então o dom será perene e para sempre.

Há uma dimensão de relatividade, desapego e entrega que nos faz viver a experiência de inquilinos, e não proprietários, numa postura de acolher constantemente a terra e tudo o que recebemos como dom. Paulo, o Apóstolo, expressa magistralmente também em outros campos da vida humana o

---

[19] Jo 5,30.

[20] Mt 27,59.

sentido da terra como dom e não posse: "Eis o que vos digo, irmãos: o tempo se fez curto. Resta, pois, que aqueles que têm esposa sejam como se não a tivessem; aqueles que choram, como se não chorassem; aqueles que se regozijam, como se não se regozijassem; aqueles que compram, como se não possuíssem; aqueles que usam deste mundo, como se não o usassem plenamente. Pois a figura deste mundo passa".[21] Paulo não propõe a indiferença em relação às realidades terrestres, mas quer evitar que o cristão se deixe por elas absorver e esqueça a índole relativa que lhes toca, em face de Cristo e do mundo vindouro.

Israel tem consciência de que a terra foi criada por Deus[22] e é confiada a um povo que conhece o seu proprietário; por isso, é convidado a estabelecer relações de partilha, reconhecendo o dom. Aliás, esse é o princípio da lei sobre: as primícias, o dízimo (Dt 26), o ano sabático e o ano jubilar (Lv 25). No Terceiro Isaías,[23] o tema dos esponsais assume relevância, pois o triunfo de Jerusalém e do território que a circunda é o de tornar-se esposa do Senhor: "Por amor de Sião não me calarei, por amor de Jerusalém não descansarei, até que a sua justiça raie como um clarão e a sua salvação arda como uma tocha. Então as nações hão de contemplar a sua justiça, e todos os reis, a tua glória. Receberás um nome novo, que a boca do Senhor enunciará. Serás uma coroa gloriosa nas mãos do Senhor, um turbante real na palma de teu Deus. Já não te chamarão 'Abandonada', nem chamarão à tua terra 'Desolação'. Antes, serás chamada 'Meu prazer está nela' e tua terra, 'Desposada'. Com efeito, o Senhor

---

[21]   1Cor 7,29-31.

[22]   Gn 1–2.

[23]   Ou Trito Isaías, refere-se à última parte do livro de Isaías, dos capítulos 56 até 66, que foram escritos depois do exílio da Babilônia; enquanto o Primeiro ou Proto Isaías corresponde aos capítulos de 1 a 39, escritos no reino de Judá, antes do exílio; e o Segundo Isaías corresponde aos capítulos de 40 a 55, que foram escritos no período do exílio de 587 a 538, na Babilônia.

terá prazer em ti e se desposará com a tua terra. Como um jovem desposa uma virgem, assim te desposará o teu edificador. Como a alegria do noivo pela sua noiva, tal será a alegria que o teu Deus sentirá em ti".[24]

No Segundo Testamento Jesus é um homem ligado a sua terra. As imagens utilizadas para o seu ensinamento são tiradas da natureza. Ele igualmente promete "casas e campos" para aqueles que o seguem, segundo o Evangelho de Marcos.[25] Mateus,[26] ao afirmar nas Bem-aventuranças que os "mansos possuirão a terra", faz da "terra" a imagem do Reino dos céus. Jesus ressuscitado traça o programa aos seus discípulos: "Sereis minhas testemunhas com a força do Espírito Santo, até os confins da terra" (At 1,8). Os cristãos não se encontram ligados a nenhuma cidade terrestre: "A nossa cidade está nos céus, de onde também esperamos ansiosamente, como Salvador, o Senhor Jesus Cristo...";[27] não se desinteressam das coisas da terra para ocupar-se apenas das coisas do céu.[28] Mas, no contexto da exaltação cristã, as "coisas da terra" a serem abandonadas são as perversões éticas,[29] para viver segundo a fé cristã. João, no Apocalipse, afirma: "Vi então um céu novo e uma nova terra...".[30] Cristo reconcilia todas as coisas, e a criação inteira[31] deseja ser libertada da escravidão.[32] O mundo deve ser salvo.[33] Tudo é dom e graça do Senhor: a vida, a

---

[24] Is 62,1-5.
[25] Mc 10,30.
[26] Mt 5,4.
[27] Fl 3,20.
[28] Cl 3,2-5.
[29] Cl 3,5-11.
[30] Ap 21,1.
[31] Cl 1,20.
[32] Rm 8,19-22.
[33] Jo 3,17.

terra, a descendência, o grande nome, a bênção, e, como tais, precisam ser constantemente recebidos sem nos apropriar-nos deles. Pois tudo é dom e graça do Senhor.

## O Deus de Abraão o põe à prova

A segunda consideração é sobre a narrativa do sacrifício de Isaac. Este é um dos textos mais decisivos para entender a radicalidade da entrega e confiança de Abraão em Deus, diante de uma situação humana extrema. Só então tomamos consciência de que a fé de Abraão não é um sentimento ou fruto de um raciocínio acurado; ao contrário, é noite escura, é trevas, não por falta de luz, mas pelo mistério que o envolve. Ele pede de Abraão abandono total e incondicional confiança de que o seu amor proverá, e o ultrapassa para o seu bem e o da humanidade. Acolher o seu plano, mesmo que humanamente incompreensível, é escolher a paz e a felicidade.

Alguns interpretam o texto de Gênesis 22 como a experiência religiosa de Israel, que substituía os sacrifícios humanos por sacrifícios de animais.[34] Outros o interpretam como uma saga, com intenções etiológicas para falar da existência do santuário nesse lugar. Qualquer que seja a explicação, o que nos interessa é a figura paradigmática de Abraão que viveu uma experiência de fé e de relação com Deus, a qual atravessa o incompreensível. É uma experiência de fé que se confronta com algo contraditório, que lança a pessoa no escuro, numa relação quase impossível com Deus, porque estão em nível do absurdo segundo a racionalidade humana. O Deus de Abraão, que é o Deus dos vivos, pede a Abraão a morte do seu filho, da prometida descendência, do povo numeroso como as estrelas do céu, como os grãos de areia do mar. O sacrifício de Isaac vem na contramão de tudo isso, de tudo o que ele havia

---

[34] Cf. 2Rs 21,6; Lv 5–7.

sonhado, desejado e vivido até o momento. A chave de interpretação deste texto é Deus que põe em prova Abraão. A questão é: o que é que Deus quer nos dizer por meio de Abraão? Isso para compreendermos qual deve ser a nossa relação com Deus e para compreendermos o caminho daquele que acredita em Deus, aqui e agora, diante de tão grandes desafios.

## O Deus de Abraão vem na contramão

Abraão parece finalmente poder fazer a experiência da plenitude da bênção, pois, a promessa de Deus se realizara, Isaac nasceu. Mal sabia Abraão que o seu Deus veio na contramão, pediu o seu filho:

> Depois desses acontecimentos, sucedeu que Deus pôs Abraão à prova e lhe disse: "Abraão! Abraão!" Ele respondeu: "Eis-me aqui!" Deus disse: "Toma teu filho, teu filho único, que amas, Isaac, e vai à terra de Muriá, e lá o oferecerás em holocausto sobre uma montanha que eu indicar". Abraão se levantou cedo, selou o jumento e tomou consigo dois de seus servos e seu filho Isaac. Ele rachou a lenha do holocausto e se pôs a caminho para o lugar onde Deus havia indicado. No terceiro dia, Abraão, levantando os olhos, viu de longe o lugar. Abraão disse aos seus servos: "Permanecei aqui com o jumento. Eu e o menino iremos até lá, adoraremos e voltaremos a vós". Abraão tomou a lenha do holocausto e colocou sobre seu filho Isaac, tendo ele mesmo tomado nas mãos o fogo e o cutelo, e foram-se os dois juntos. Isaac dirigiu-se a seu pai Abraão e disse: "Meu pai!" Ele respondeu: "Sim, meu filho?" Eis o fogo e a lenha", retomou ele, "mas onde está o cordeiro para o holocausto?" Abraão respondeu: "É Deus quem proverá o cordeiro para o holocausto, meu filho". E foram-se os dois juntos. Quando chegaram ao lugar que Deus lhe indicara, Abraão construiu o altar, dispôs a lenha, depois amarrou seu filho Isaac e o colo-

cou sobre o altar, em cima da lenha. Abraão estendeu a mão e apanhou o cutelo para imolar seu filho. Mas o anjo do Senhor o chamou do céu e disse: "Abraão! Abraão!" Ele respondeu: "Eis-me aqui!" O Anjo disse: "Não estendas a mão contra o menino! Não lhe faças nenhum mal! Agora sei que temes a Deus: tu não me recusaste teu filho, teu único". Abraão ergueu os olhos e viu um cordeiro, preso pelos chifres num arbusto; Abraão foi pegar o cordeiro, e o ofereceu em holocausto no lugar de seu filho. A este lugar Abraão deu o nome de "o Senhor proverá", de sorte que se diz hoje: "Sobre esta montanha, o Senhor proverá" (Gn 22,1-14).

Deus provou a fé de Abraão, não no sentido de saber como ele iria se virar, ou de saber se ele seria capaz de entregar o filho. Mas no sentido de que estamos diante de uma dificuldade que faz parte do nosso peregrinar como caminho de fé. Este é o modo de ser de Deus, e próprio de quem caminha atrás de Deus, as provações fazem parte do caminho daquele que acredita. Os pensamentos de Deus não são os pensamentos humanos, os caminhos de Deus não são os caminhos humanos. Eles são tão diversos! O ser humano que persegue os caminhos de Deus entra em crise, porque Deus segue por caminhos radicalmente incompreensíveis. Por isso, Abraão é modelo de fé, o pai da fé, porque nos ensina que no caminho atrás de Deus o ser humano é sempre humano, criatura, e Deus é Deus, o Criador. Quando Abraão reconhece Deus como o Senhor da vida, ele intervém e transforma a ameaça de morte em vida: "Não estendas a mão contra o menino! Não lhe faças nenhum mal! Agora sei que temes a Deus: tu não me recusaste teu filho, teu único".

Nos dois textos de Gênesis 12 e 22 aparece a ordem de Deus: no primeiro, "Sai da tua terra"; no segundo, "Vai à terra de Moriá...". Ambos no sentido de expressar: "Vai! Será para o teu bem... vai servir para você... porque você vai tornar-se pai de um grande povo, de uma grande multidão". Em Gênesis 12, Abrão não sabia para onde devia ir, foi difícil, pois devia tornar-se um peregrino, estrangeiro; enquanto em Gênesis 22, Abraão conhecia o destino e que era para Moriá, mais incompreensível ainda porque nesse lugar devia sacrificar o seu filho amado. A primeira partida era para se tornar um grande povo e a segunda saída era para eliminar o filho, anular a realização da promessa de Deus, o filho único que Abraão amava. Mas a verdadeira prova para Abraão era a de entrar na contradição, destruir a realização da promessa: "Toma o teu único filho, aquele que tu amas...". Nota-se que há uma insistência no filho "único", e para compreendermos essa insistência é preciso compreender a tradição judaica. Ela afirma que Abraão teve mais de um filho: Ismael, que ele teve com a serva Agar, e Isaac, com a esposa Sara.[35]

A tradição judaica afirma que o texto repete com frequência: "filho único", "aquele que você ama, Isaac", para dizer que no momento em que Abraão recebeu a ordem de Deus de sacrificar o filho ele teria resistido e não procuraria entender. Seria uma tentativa desesperada de adiar a compreensão. É como se ele tivesse tido um diálogo com Deus nesses termos: "Deus disse: 'toma teu filho'". E Abraão teria respondido: "Mas eu tenho dois filhos", e então Deus lhe teria dito: "O teu filho único". Abraão teria respondido: "Um filho é único para a sua mãe" e "o outro filho é único para a sua mãe". E então Deus teria dito: "Aquele que amas". E Abraão teria respondido: "Eu amo os dois". E Deus lhe teria respondido: "Isaac". Abraão não teve mais saída e a conversa terminou. Esse diálogo todo é para dizer da dificuldade de Abraão apreender o que já havia entendido, mas queria retardar o quanto possível a tomada de

---

[35] Abraão, segundo as Escrituras, teria tido filhos também com a concubina Cetura (Gn 25,1-6).

consciência. Num texto relativamente curto, o autor repete dez vezes a palavra "filho": "Toma o teu filho" (v. 2), "o seu filho, Isaac" (v. 3), "sobre seu filho, Isaac" (v. 6), "sim, meu filho" (v. 7), "meu filho" (v. 8), "seu filho Isaac" (v. 9), "imolar seu filho" (v. 10), "tu não recusaste teu filho" (v. 12), "no lugar de seu filho" (v. 13), "não recusaste teu filho" (v. 16).

Essa insistência obsessiva no filho revela a profundidade da experiência de solidão e sofrimento, na qual Abraão está mergulhado. Pois se trata do filho da promessa. O texto, ao citar dez vezes a palavra filho, faz uma analogia com as dez palavras da criação – "E Deus disse" – e as dez palavras do decálogo. É um número importante no texto bíblico. As dez palavras da criação correspondem às dez palavras do decálogo e vice-versa. Por dez vezes em Gênesis 1 Deus ordena, as coisas obedecem e começam a existir. Dez vezes o filho aparece para dizer que Abraão obedeceu e a vida triunfou. Não é um filho qualquer, mas o filho Isaac. Não significava apenas perder o filho, mesmo que isso já fosse muito grave, mas é o filho da realização da promessa de Deus. Esse era o filho da promessa, e não Ismael, que Abraão já havia renunciado por causa de Deus. Depois de ter renunciado a Ismael, Deus lhe pede o único filho, o filho da promessa. É este que ele foi convidado, agora, a renunciar.

Três vezes no texto aparece Isaac como o unigênito: "Teu filho único" (Gn 22,2.12.16) é sempre Deus a afirmá-lo, para indicar também a radicalidade do seu pedido a Abraão, e indicar que é o filho da promessa a ser sacrificado. Para Deus importa Isaac, porque Ismael não é o filho dado por Deus a Abraão, mas é o filho arranjado que nasceu da vontade de Abraão, pela demora de Deus em lhe dar um filho. O nascimento de Isaac é apresentado como dom de Deus, contrariamente aos limites humanos da esterilidade de Sara, e como realização da sua promessa. O nome de Isaac aparece cinco vezes[36] em estreita ligação com o sacrifício. Pela etimologia da palavra hebraica, Isaac significa "Ele ri"; é a abreviação de: "Deus sorri". Ele é o sorriso que o Senhor faz aos seus pais.[37] Recorda também a alegria do seu nascimento, o riso da festa, mas não deixa de lembrar igualmente a incredulidade de Abraão e Sara, para entrar na dinâmica da fé e de aceitar aquela alegria na maturidade dos seus anos. Esse filho da alegria coloca a fé do pai numa dura prova, numa obediência plena, e fé incondicional, porque Deus lhe pede a entrega do filho para ser sacrificado por ele. Não é Deus quem tira Isaac de Abraão, mas é Abraão que deve sacrificá-lo. Ele é convidado a fazer uma nova experiência de Deus, quando já havia feito a experiência de um Deus que o guiou a uma terra desconhecida, que perdoaria Sodoma e Gomorra, se houvesse dez justos nestas cidades.[38] Deus não os faria morrer. E agora Abraão se encontra diante de um Deus que pede a morte de um inocente, Isaac. Isso é totalmente incompreensível, parecendo tornar inútil a fé de Abraão e todo o seu caminho no compasso de Deus.

## O Deus de Abraão desafia sua obediência

Abraão, porém, obedeceu a Deus e um profundo silêncio acompanhou pai e filho até o terceiro dia, e nos preparativos imediatos para o sacrifício:[39] "... se levantou cedo, selou seu jumento, e tomou consigo dois de seus servos e seu filho Isaac. Ele rachou a lenha do holocausto e se pôs a caminho para o lugar que Deus lhe havia indicado".[40]

---

[36] Gn 22,2.3.6.7.9.

[37] Gn 17,7-8; 18,1-15; 21,6.

[38] Cf. Gn 18,17-33.

[39] Cf. Gn 22,2-4.9-10.

[40] Gn 22,3.

Chama a atenção que seja Abraão a encilhar o jumento e não os servos, pois o amor leva o pai a descuidar das normas e dos privilégios; permeado pelo sofrimento e pela angústia, não existe mais hierarquia. Ele, como pai, quer fazer os preparativos que dizem respeito à morte do seu filho único. "No terceiro dia, Abraão, levantando os olhos, viu de longe o lugar. Abraão disse a seus servos: 'Permanecei aqui com o jumento. Eu e o menino iremos até lá, adoraremos e voltaremos a vós'. Ele tomou a lenha do holocausto e a colocou sobre o seu filho Isaac, tendo ele mesmo tomado nas mãos o fogo e o cutelo. Isaac dirigiu-se a seu pai e lhe disse: 'Meu pai!' Ele respondeu: 'Sim, meu filho?' – 'Eis o fogo e a lenha", retomou ele: "Mas onde está o cordeiro para o holocausto?' Abraão respondeu: 'É Deus quem proverá o cordeiro para o holocausto, meu filho'."

O Targum de Jerusalém descreve a cena de forma muito dramática: "Isaac diz a seu pai: 'Prende-me bem forte senão poderia debater-me de dor, perturbar-te e invalidar o teu sacrifício! Perderias, então, tua recompensa, o mundo futuro'". Os olhos de Abraão estavam fixos nos olhos de Isaac, mas os olhos deste contemplam os mensageiros do mundo celeste. Nesse instante, os mensageiros se lançaram e gritaram uns aos outros: "Vistes os dois justos sobre a terra, um sacrifica e outro se deixa sacrificar; o que sacrifica não hesita e o outro estende a garganta à imolação!".[41]

A referência ao terceiro dia é uma expressão frequente na Bíblia, para indicar o tempo de preparação para os grandes acontecimentos, eventos decisivos para a história do ser humano e a história da salvação.[42] É o tempo necessário para

---

[41] CHOURAQI, André. *A Bíblia, no princípio* (Gênesis). Rio de Janeiro: Imago, 1995. p. 221.

[42] Cf. Gn 40,20; 42,18; Ex 3,5; Jn 2,1; 3,3.

a realização da experiência. O fato de afirmar para os servos que depois retornariam, assim no plural, muitos exegetas leem como um gesto profético, uma afirmação de fé, como também quando responde ao filho que Deus providenciaria o cordeiro. Abraão sabe que vai para sacrificar o filho, mas o filho Isaac nada sabe. O leitor sabe o que sabe Abraão; bem como sabe o que Isaac não sabe. O leitor não pode intervir, como também Abraão não pode revelá-lo, para que o filho não entre em desespero.

Até agora Deus não havia se manifestado, mas se revela como um mistério terrível. Mesmo que Abraão acreditasse que Deus providenciaria, nada via. Na hora Deus transforma a ameaça de morte da vida do filho único e amado em promessa de vida. Deus novamente renova a dom da vida de Isaac. Preserva sua vida providenciando um cordeiro. Abraão se lança na fé e confiança total de que esse ato se reverterá em fonte de vida. Ele se cala daqui por diante, os gestos se realizam no silêncio. Chega ao lugar e constrói o altar (Gn 12,7), porque chegou à terra prometida para celebrar a promessa, e em Gênesis 22,9-10 para decretar o fim da promessa. No momento exato em que Abraão iria imolar o filho, Deus intervém por meio do seu anjo: "Abraão, Abraão!"; é o mesmo chamado que havia acontecido em Gênesis 22,1 quando ele responde a Deus: "Eis-me aqui!". O mesmo chamado e a mesma resposta reaparecem em Gênesis 22,11. Deus intercepta a mão de Abraão: "Não estendas a mão contra o menino! Não lhe faças nenhum mal! Agora sei que temes a Deus: tu não recusaste teu filho, teu único". Abraão foi colocado à prova, mas foi vencedor e aprovado por Deus, porque o temia.

Deus chamou Abraão, e ele respondeu "Eis-me aqui", e Deus lhe disse: "Não estendas a mão contra o menino... agora sei que temes a Deus". Nas Escrituras, esse temor que Deus aprova em Abraão indica a atitude de: confiança, amor, respeito, obediência, reconhecimento da verdade do outro. Esse temor não é medo, bloqueio; antes, mantém a pessoa num relacionamento de acolhida, escuta, de busca, pois ela tem a percepção de estar em nível do mistério, embora não compreenda tudo no momento, mas se entrega, acredita, e isso lhe traz paz e realização do projeto de Deus. Ainda que o termo "temor" possa indicar também medo, por exemplo, diante do futuro, da morte. Ele vai além do relacionamento humano, e Abraão tem consciência de que ultrapassa essa dimensão humana e esse relacionamento se estabelece com alguém que é totalmente Outro. Que o ultrapassa e que jamais poderá ser apreendido, permanecendo sempre o mistério que o impulsiona ao respeito, à confiança incondicional, reconhecendo Deus como a fonte e a origem da vida.

Abraão não negou o seu único filho. Segundo o anjo, essa é a maior lição que podemos extrair do episódio, pois chegou ao "sacrifício supremo, tendo o Senhor considerado que ele foi até as últimas consequências, embora Deus o tenha impedido de chegar à temível conclusão. E Isaac demonstrou uma obediência suprema, secundando a obediência de Abraão. Aquele que não poupou seu próprio Filho, antes, por todos nós o entregou..." (Rm 8,32). E agora, como não nos daria juntamente com ele todas as coisas? O ato de obediência de Abraão foi recompensado por uma nova reiteração do Pacto Abrâmico (cf. Gn 22,15ss). O Filho maior de Abrão, o Messias, foi quem tornou realidade o cumprimento maior das dimensões reais do pacto.[43]

Abraão é capaz de entrar na morte porque está pronto para sacrificar o seu filho. Ele não tem medo de Deus, porque ele é o Deus da vida e não da morte. Por isso, Abraão sai da

---

[43] CHAMPLIN, R. N. *O Antigo Testamento interpretado versículo por versículo.* São Paulo: Hagnos, 2001. v. I, p. 156.

escuridão, da fé cega e pode ver o Deus da vida, no cordeiro que serve para o sacrifício sobre a montanha. E Abraão deu à montanha o nome de *Deus proverá*. Abraão sai de forma diversa dessa experiência e vê também de forma diversa o lugar onde deveria sacrificar o seu filho. O lugar que deveria ser o lugar da morte, do sacrifício de Isaac, tornou-se o lugar da vida. O verdadeiro temor de Deus só é possível porque Deus o faz ressurgir dos mortos. Ele é o Senhor da vida.

As palavras do anjo retomam o início de Gênesis 22,1: "O anjo do Senhor chamou uma segunda vez Abraão, do céu, dizendo: 'Juro por mim mesmo, Palavra do Senhor: porque me fizeste isso, porque não me recusaste teu filho, teu único, eu te cumularei de bênçãos, eu te darei uma posteridade tão numerosa quanto as estrelas do céu e quanto a areia que está na praia do mar, e tua posteridade conquistará a porta de seus inimigos. Por tua posteridade serão abençoadas todas as nações da terra, porque tu me obedeceste'".[44]

Quem poderá contar as estrelas do céu e a areia do mar? Ninguém, só Deus. E a promessa está ligada à descendência numerosa como as estrelas do céu e a areia do mar, que ultrapassam a nossa capacidade humana. É de novo um apelo ao invisível, à fé de Abraão. Não é, portanto, o sinal que fundamenta a fé de Abraão, mas é a fé que fundamenta a capacidade de ver no sinal alguém que o ultrapassa ao infinito, Deus.

O texto é paradigmático para aquele que acredita, tem a ver com os dons de Deus. Não se trata apenas da fé de Abraão, de sua entrega a Deus, mas do dom que Deus lhe fez na pessoa do seu filho Isaac. Abraão nos ensina como relacionar-nos com os dons que recebemos de Deus. Ele nos ensina a estarmos prontos para sacrificar o nosso Isaac. Prontos para abrir

---

[44] Gn 22,15-18.

as mãos, para colocar à disposição o dom, dispostos a acolher o dom que não nos pertence, e este deve constantemente ser recebido, como Abraão que continua a receber o seu filho. O modo como Deus realiza suas promessas não depende de Abraão nem de nós. Bem como o seu cumprimento também não pertence a Abraão nem a nós, mas a Deus.

Abraão aceita partir "sem eira nem beira", mas confiante no seu Deus que o conduzirá, mesmo sendo estrangeiro, ao encontro da bênção, tornando-se, ele mesmo, bênção para os outros. Aceita entrar na dimensão da morte, no escuro da fé, por isso Isaac torna-se o filho da promessa e não simplesmente o filho da carne, mas torna-se verdadeiramente o filho que é dado novamente, ressurgido por Deus; como dom, ele jamais é definitivo e deve constantemente ser redado. A única atitude que podemos ter em confronto com Deus e seus dons é a da gratuidade total, pois ele o renova constantemente, para ser continuamente recebido como dom.

## 2. Jacó, o homem que lutou com Deus

O ciclo dos patriarcas[45] termina com a luta de Jacó com Deus.[46] Na compreensão do povo de Israel, essa talvez seja mais uma narrativa de fundação, para falar da origem do lugar "Fanuel", que significa "Eu vi Deus face a face", frase que Jacó usou para falar da sua luta com Deus. Quem é mesmo Jacó? Vamos situar um pouco este personagem, que, segundo a tradição bíblica, é o segundo filho de Isaac, gêmeo de

---

[45] Cf. Gn 32,23-33.

[46] Há diferentes interpretações dessa luta de Jacó com Deus, por ser um texto enigmático, misterioso. Alguns o interpretam como um sonho, outros como uma alegoria, para indicar a luta do espírito do crente contra as paixões; outros ainda como uma verdadeira luta com o anjo protetor de Jacó ou também uma narrativa de fundo mitológico ou ainda etiológico.

seu irmão Esaú, nascido em segundo lugar; por isso, não teria direito à primogenitura, e sim Esaú. Jacó, o menor, rouba de seu pai o direito da primogenitura e da bênção, que deveria ser dada ao filho mais velho. Nessa história Esaú era o preferido do pai e devia receber a herança e a bênção por direito, e Jacó, o preferido da mãe Rebeca, que contribuiu para que essas fossem dadas ao filho mais novo por meio do engano, planejado e executado com a sua colaboração (cf. Gn 27,1-45). Jacó teve de fugir para a casa do seu tio Labão.

Jacó se encantou com Raquel, a filha mais nova de seu tio Labão. Trabalhou sete anos para obtê-la como esposa e, na noite de núpcias, foi-lhe dada Lia, a primogênita.[47] Trabalhou mais sete anos e pôde, então, se casar com Raquel, sua segunda esposa. Há nessa história uma associação interessante. Assim como Jacó passara para trás o irmão, roubando-lhe a primogenitura e a bênção, agora é Jacó quem é passado para trás pelo seu tio Labão, que lhe oferece em casamento primeiro Lia, a filha mais velha, em lugar de Raquel, pela qual ele era apaixonado, e só pôde casar-se com ela depois de ter trabalhado mais sete anos (cf. Gn 29).

## O Deus de Jacó é o Deus invencível

Depois de ter-se enriquecido às custas do sogro e pelo seu próprio trabalho, resolveu retornar à sua terra; para isso, devia passar pelo território que pertencia ao seu irmão Esaú. Tanto Esaú quanto Jacó se prepararam para esse encontro. Jacó fez preceder o encontro enviando-lhe muitos presentes, o que foi abrandando a ira do irmão.[48] Quando parecia que tudo estava sob controle:

---

[47] Pelo estatuto da primogênita, ela devia ser dada em casamento por primeiro.

[48] Cf. Gn 27,41-45.

Naquela mesma noite, ele [Jacó] se levantou, tomou suas duas mulheres, suas duas servas, seus onze filhos e passou o vau do Jaboc. Ele os tomou e os fez passar a torrente e fez passar também tudo o que possuía. E Jacó ficou só. E alguém lutou com ele até surgir a aurora. Vendo que não o dominava, tocou-o na articulação da coxa, e a coxa de Jacó se deslocou enquanto lutava com ele. Ele disse: "Deixa-me ir, pois já rompeu o dia". Mas Jacó respondeu: "Eu não te deixarei se não me abençoares". Ele lhe perguntou: "Qual é o teu nome?" "Jacó", respondeu ele. Ele retomou: "Não te chamarás mais Jacó, mas Israel, porque foste forte contra Deus e contra os homens, e tu prevaleceste". Jacó fez esta pergunta: "Revela-me teu nome, por favor". Mas ele responde: "Por que perguntas pelo meu nome?" E ali mesmo o abençoou. Jacó deu a este lugar o nome de Fanuel, "porque" disse ele, "eu vi Deus face a face e a minha vida foi salva". Nascendo o sol, ele tinha passado Fanuel e manquejava de uma coxa. Por isso, os israelitas, até hoje, não comem o nervo ciático que está na articulação da coxa, porque ele feriu Jacó na articulação da coxa, no nervo ciático (Gn 32,23-33).

O texto afirma que era noite. Na tradição bíblica, a noite, enquanto trevas, tem um significado ambivalente: se de um lado ela é criada por Deus (Is 5,7) e serve para proteger os israelitas contra os egípcios,[49] por outro também é imagem da ignorância humana. Ela é frequentemente o símbolo do mal. Nela agem preferencialmente os maus, ladrões e assaltantes, ao contrário da luz, do dia.

Eles estavam junto ao rio Jaboc, afluente do rio Jordão, na Transjordânia. Jacó entrou no território de Esaú como um assaltante, um ladrão, quando sentiu que alguém o agarrara

---

[49] Cf. Ex 10,20-21; Sb 17,2–18,4.

pelos ombros, começando a lutar com ele. Também esse estranho pareceu ter medo da luz e pediu que o soltasse antes da aurora. Há uma interpretação rabínica que afirma ser um anjo que teria pedido para parar antes da aurora, porque, como anjo, devia cantar os louvores de Deus, no céu. Talvez tenha algum resquício de mítico, no sentido de que o espírito com a luz perde a sua força.

O Evangelho de João retoma a ideia da noite, como o tempo da ação dos filhos das trevas, e sua advertência é caminhar na luz, que é Jesus: "Por pouco tempo a luz está entre vós. Caminhai enquanto tendes luz, para que as trevas não vos apreendam: quem caminha nas trevas não sabe para onde vai! Enquanto tendes luz, crede na luz, para vos tornardes filhos da luz" (Jo 12,35s). O amanhecer é o despontar da luz, momento em que aparece a justiça de Deus. A justiça de Deus surge com o amanhecer e, segundo as Escrituras, deve-se fazer a justiça pela manhã. É paradoxal: Deus aceita lutar de noite com Jacó, para levá-lo para fora da dimensão das trevas, levá-lo para a aurora, e ele mesmo deseja que na aurora tudo esteja terminado. Não porque tenha medo da luz, mas para que no momento da luz ele se veja e perceba que está só, e está manco. Só no final da luta esse alguém que lutou com Jacó é identificado com Deus: "Eu vi Deus face a face..." (Gn 32,31).

## O Deus de Jacó é o Deus sem nome

Jacó revela o seu nome (v. 29). Dizer o nome a alguém quer dizer que lhe confere um poder, o de conhecê-lo, porque o nome traz a identidade da pessoa, esconde uma verdade, o seu segredo mais profundo. Dizer o próprio nome a alguém é dizer que está em suas mãos e que de certa forma "pode fazer dele o que quiser". Ele se entregou e agora sabe tudo dele A raiz hebraica da palavra Jacó, como substantivo, significa "calcanhar", e como verbo, "suplantar, enganar". Por isso, quando ele se identifica com Jacó, está dizendo a verdade, pois de certa forma revela o seu passado. Ao nascerem, Esaú e Jacó lutavam no ventre materno, e a Escritura fala que Jacó segurou o calcanhar do seu irmão Esaú para passar adiante dele (Gn 25) e o suplantou ao roubar-lhe a primogenitura e a bênção (Gn 27). Jacó, ao revelar o seu nome, disse a verdade, ele é enganador, por isso, Deus intervém e muda o seu nome: "Não te chamarás mais Jacó, mas Israel porque foste forte contra Deus e contra os homens, e tu prevaleceste" (Gn 32,29).

O significado literal de Israel é "Deus lutará", e nessa luta Deus vencerá. O nome "El" é sempre sujeito e de ora em diante Jacó se chamará "Deus vence", porque Jacó venceu a Deus na luta com ele. Há de novo uma ambiguidade, pois, na luta noturna entre os dois personagens, não fica claro quem é que perde e quem é que ganha, e isso parece revelar-se também no nome Jacó. Aquele que vence é o que perde e aquele que perde é o que vence. Pois aparentemente Deus é vencido, porque o texto fala "prevaleceste". Mas só quando Jacó aceita perder o seu nome, redimir a sua história passada revelando o seu nome, ele pode assumir um novo nome, Israel, pelo qual afirma que é Deus quem vence a luta. Essa é a verdadeira vitória do crente. Essa é a verdadeira vitória de Jacó ao tornar-se Israel.

Quando Jacó aceita confessar o próprio passado para abrir-se ao novo, não é mais ele que construirá o seu futuro, mas é Deus que o construirá, dando-lhe não só um novo nome, mas com ele construirá uma nova história, na qual só Deus vence. Essa foi a verdadeira vitória de Jacó que se tornou Israel. Fazendo-se agora portador dessa verdade de que é só Deus quem vence. E todos os que, como Jacó, aceitarem "perder" o seu nome, redimindo o seu passado, serão vitoriosos. Essa é a verdadeira vitória daquele que acredita e aceita ser construído e reconstruído pelo Senhor.

O Deus sem nome concede um novo nome ao vencedor: "... darei também uma pedrinha branca, uma pedrinha na qual está escrito um nome novo, que ninguém conhece, exceto aquele que o recebe". No contexto do Apocalipse a cor branca da pedrinha é a cor da vitória e da alegria, sinal da admissão ao Reino. O novo nome exprime a renovação interior que o torna digno dele. Esse novo nome será eterno e, por isso, será recebido: "... na minha casa e dentro dos meus muros, um monumento e um nome mais precioso do que teriam com os filhos e as filhas; hei de dar-lhes um nome eterno, que não será extirpado".[50]

## O Deus de Jacó se deixa ver face a face

O lugar onde se travou a luta de Jacó com Deus, onde ele revelou o próprio nome, foi chamado de Fanuel, porque "eu vi Deus face a face e minha vida foi salva" (Gn 32,31). Mas Deus não revela o próprio nome, porque o nome é o segredo mais profundo da pessoa e o ser humano não pode conhecer nem se apropriar do nome de Deus. Deus permanece mistério; o ser humano não seria capaz de compreendê-lo, caso contrário, ele já não seria mais Deus e Jacó não seria mais um ser humano. Ele é o Deus que vence ao abençoar Jacó, mudando o seu nome para Israel.

Jacó não se chama mais Jacó, sua identidade agora é Israel, ou seja, Deus vence. Ele foi transformado na sua própria realidade; assim modificado, modificou também a realidade que o circunda. Ele pensava estar atravessando o rio Jaboc, mas, na verdade, era Deus quem o atravessava, e a verdadeira travessia de Jacó é a de chegar até a face de Deus. Não é o rosto do irmão Esaú que ele estava se preparando para encontrar com todos os seus estratagemas, mas é o rosto de Deus que se

---

[50] Cf. Is 56,5; Ap 2,17.

revela em toda a sua força, tornando-o manco. Ao amanhecer, Jacó se encontrava manco. Diz o texto: "Nascendo o sol, ele tinha passado Fanuel e manquejava de uma coxa" (Gn 32,32).

O texto termina com uma etiologia, ou seja, uma explicação, porque os israelitas não comem o nervo ciático, porque Jacó foi ferido no nervo ciático (cf. Gn 32,33). Não parece ser apenas uma etiologia, mas um eufemismo, para falar do órgão genital masculino indicado com a palavra "coxa", no hebraico *yereq*. Jacó foi ferido na parte superior da coxa. Nas Escrituras, quando se fazia um juramento, as mãos dos jurados eram colocadas debaixo da coxa, tocando o órgão genital masculino. Esta era uma ação muito significativa, porque simbolicamente tal gesto significava o lugar do poder máximo do homem, da prosperidade, da continuidade da vida. Representava um gesto sagrado, porque desse lugar surge a vida. Isto não era um tabu, mas o reconhecimento da força sexual como algo divino, porque cria vida e se compromete com a vida. Era uma forma de dizer: a minha vida e a vida de meus descendentes estão implicadas neste juramento. E como a vida é dom de Deus e só a ele pertence, a palavra tinha um valor sagrado, comprometia-o diante do jurado e diante de Deus.

O texto "… Jacó manquejava de uma coxa" (v. 31) provavelmente faz uma referência muito refinada ao um problema de "paternidade", porque é ferido no seu poder de gerar. Ele atravessou o Jaboc com 11 filhos; falta Benjamim, o mais novo, que nasceu de Raquel e em condições misteriosas, pois, quando vai dar à luz o filho, ela morre. Esse menino que nasce da morte da mãe faz a passagem da morte para a vida. Transforma a morte em vida, porque ele é a continuidade da vida da mãe. Benjamim não estava presente na travessia do Jaboc, e ele nasce depois que Jacó é tocado no lugar de seu poder gerador. A paternidade de Jacó se torna completa com o nascimento de Benjamim. Só, então, descobrirá qual é sua verdadeira paternidade, depois de ter lutado com Deus, recebido a bênção, tornado-se manco, recebido um novo nome. Ele se abriu a uma nova dimensão da paternidade, radicalmente nova, pois, até aquele momento, ela havia se baseado sobre a astúcia, pela qual se torna primogênito, quando na verdade era o segundo que fora gerado. Agora, torna-se pai do "filho da direita, o predileto" e pode construir uma nova história, tocado por Deus.

O ciclo de Jacó e Israel, bem como de Abraão e Isaac, deve ser muito antigo e essa antiguidade garante também o valor das tradições, graças às quais se conhece melhor as origens das histórias bíblicas e sua importância, para alimentar a nossa espiritualidade e fé bíblica. Ao longo de todas as Escrituras, a figura de Jacó é lembrada também no Segundo Testamento por meio do "poço" conhecido como "poço de Jacó". Foi ao redor do poço que grandes personagens bíblicas encontraram suas esposas e com as quais construíram histórias sagradas que a Bíblia nos relata. Também Jesus encontra junto ao "poço de Jacó" a samaritana e com ela entabula uma conversa, tornando-a sua discípula e apóstola.

## 3. Moisés, o mediador entre Deus e o povo

As grandes figuras do início da caminhada do povo de Deus estão gravadas na memória do povo da Bíblia: Abraão como pai, o modelo de fé e de obediência a Deus; Jacó como o patriarca que deu origem às doze tribos de Israel; Moisés como mediador entre Deus e o povo, entre o povo e Deus. Central na experiência espiritual de Moisés é a Aliança no Sinai. Os três capítulos do livro do Êxodo 19–20 e 32 são particularmente importantes para a nossa reflexão, porque neles vamos entrever a experiência espiritual de Moisés como mediador da Palavra e do Perdão de Deus.

Os ancestrais de Moisés são semitas e, segundo a tradição bíblica, pertenciam à tribo de Levi.[51] Conhecemos o nome do pai Amram, da mãe Jocabed, da irmã Miriam e do irmão Arão. Todos eles teriam nascido no Egito. Sofreram a escravidão, tendo que se submeter ao trabalho escravo, mas Deus deles se lembrou e enviou Moisés para libertá-los e conduzi-los rumo à terra prometida, Canaã.

## O Deus de Moisés o constituiu mediador da Palavra

A aliança no Sinai, segundo as Escrituras, está inserida no contexto da caminhada do povo pelo deserto, após a sua libertação da escravidão do Egito. No terceiro dia de caminhada, o povo chegou aos pés da montanha. Moisés subiu nela e Deus o chamou na montanha e disse:

> Assim dirás à casa de Jacó e declararás aos israelitas: "Vós mesmos vistes o que eu fiz com os egípcios, e como vos carreguei sobre as asas de águia e vos trouxe a mim. Agora, se ouvirdes a minha voz e guardardes a minha aliança, sereis para mim uma propriedade peculiar entre todos os povos, porque toda a terra é minha. Vós sereis para mim um reino de sacerdotes, uma nação santa". Estas são as palavras que dirás aos israelitas. Veio Moisés, chamou os anciãos do povo e expôs diante dele todas essas palavras que o Senhor lhe havia ordenado. Então todo o povo respondeu: "Tudo o que o Senhor disse, nós o faremos". E Moisés relatou ao Senhor as palavras do povo.[52]

Deus pede ao povo, por intermédio de Moisés, para se purificar, lavar as vestes, manter distância da montanha e não

---

[51]  Cf. Ex 2,1; 6,20.

[52]  Cf. Ex 19,3-8.

tocá-la, abster-se de relações sexuais, porque estas deixam as pessoas inaptas para qualquer ato sagrado, quanto mais para a teofania do Senhor:

> Ao amanhecer do terceiro dia, houve trovões, relâmpagos e uma espessa nuvem sobre a montanha, e um clamor muito forte de trombeta; e o povo que estava no acampamento pôs-se a tremer. Moisés fez o povo sair do acampamento ao encontro de Deus, e puseram-se ao pé da montanha. Toda a montanha do Sinai fumegava, porque o Senhor descera sobre ela no fogo; a sua fumaça subiu como a fumaça de uma fornalha, e toda a montanha tremia violentamente.[53]

Há uma comunicação constante entre Deus e o povo,[54] o povo e Deus,[55] pela mediação de Moisés, desde os preparativos da aliança, a teofania e a proclamação das dez Palavras:

> Todo o povo, vendo os trovões e os relâmpagos, o som da trombeta e a montanha fumegante, teve medo e ficou longe. Disseram a Moisés: "Fala-nos tu, e nós ouviremos; não nos fale Deus, para que não morramos". Moisés disse ao povo: "Não temais. Deus veio para vos provar e para que o seu temor esteja diante de vós, e não pequeis". O povo ficou longe; e Moisés aproximou-se da nuvem escura, onde Deus estava" (Ex 20,18-21).

O texto prossegue com o Código da Aliança nos capítulos de 21 a 23, e no 24 com a conclusão da Aliança. O decálogo e a mediação de Moisés são retomados no livro do Deuteronômio, capítulo 5.

---

[53] Ex 19,16-18.
[54] Cf. Ex 19,3.8-13.19-24; 20,1-18.21.
[55] Cf. Ex 19,7-8.9e.14.25.

Em Êxodo 19, Moisés aparece como mediador da Palavra do mistério transcendente e invisível de Deus. Ele é apresentado como o totalmente outro, o absolutamente incompreensível sem possibilidade de aproximação. Seu poder é ameaçador, capaz de provocar a morte daquele que se aproxima do mistério. E Moisés faz a mediação entre esse mistério e o povo, também ele incapaz de compreendê-lo. Ao terceiro dia, Deus se manifesta e permanece invisível, mas sua presença é percebida pelos sinais: o terremoto, a erupção vulcânica, o monte fumegante, o tremor da terra, o medo. O povo mantém-se distante porque tem medo e porque Deus mesmo pede essa distância, sob pena de morte. Moisés, ao invés, se aproxima do mistério e responde ao pedido de mediação do povo, e está continuamente em comunicação com Deus, subindo com a palavra do povo[56] e descendo da montanha levando a Palavra do Senhor ao povo.[57] Moisés vai ao encontro de Deus e ao mesmo tempo é Deus que o chama para ir ao seu encontro.

No encontro entre Deus e o mediador há uma fusão de duas palavras, porque é Deus quem fala a Moisés: "Assim dirás..." (Ex 3), e estas palavras tornam-se ao mesmo tempo palavras de Moisés aos israelitas, a Jacó e ao povo. Moisés torna-se o verdadeiro profeta, que transmite a Palavra do Senhor, fazendo-a sua. Por isso, ele não é um simples repetidor da Palavra, mas, de qualquer forma, torna-se o caminho da encarnação da Palavra de Deus para o povo. É a obediência de Moisés à Palavra de Deus que possibilita ao povo ouvi-la. A palavra da qual Moisés se faz portador e mediador é a Palavra que interpreta a história fazendo referência ao Êxodo, experiência passada, para abrir-se para o futuro.

---

[56] Cf. Ex 19,7.20.

[57] Cf. Ex 19,3.8.14.25.

## A memória como forma de presença

Deus recorda o passado de salvação de Israel: "Vós mesmos vistes o que eu fiz aos egípcios, e como vos carreguei sobre asas de águia e vos trouxe a mim. Agora, se ouvirdes a minha voz e guardardes a minha aliança, sereis para mim uma propriedade particular entre todos os povos..." (Ex 19,4-5). Fazer memória dos fatos passados para criar forças a fim de superar as dificuldades do momento presente. Deus recorda a experiência passada do êxodo, para que Israel hoje seja capaz de abrir-se à salvação que Deus oferece constantemente. A lembrança do Egito nesse momento é importante, pois Deus está para manifestar-se com o poder de fender as montanhas, semelhante ao poder com que tirou o povo da opressão do Egito. Israel, frágil e pequeno aos olhos das grandes potências da época, como o Egito, é o escolhido por Deus e com ele faz aliança absolutamente desinteressada e totalmente gratuita. Desde o início, há uma escolha aparentemente incompreensível, contra todas as regras que regem normalmente os interesses humanos. "Se o Senhor se afeiçoou a vós e vos escolheu, não é por serdes o mais numeroso de todos os povos – pelo contrário, sois o menor dentre os povos! –, e sim por amor a vós e para manter a promessa que ele jurou a vossos pais; por isso, o Senhor vos fez sair com mão forte e te resgatou da casa da escravidão, da mão do Faraó, rei do Egito" (Dt 7,7-8). Desse povo pequeno e desprezível aos olhos do mundo, Deus se ocupou.

O texto diz que Deus carregou esse seu povo sobre asas de águia (v. 3). É uma imagem muito bonita, pois a águia lembra a grande velocidade, a capacidade de longos e altos voos. Essa imagem fala da salvação que Deus ofereceu aos israelitas, ninguém poderia impedi-lo ou alcançá-lo. É uma imagem de ternura, de cuidado de Deus pelo seu povo. Jesus usa de forma semelhante a imagem da galinha choca que reúne os seus pintainhos debaixo de suas asas. No seu simbolismo é a mesma imagem da águia que inspira segurança, proteção, salvação. A saída do Egito chega ao seu término não com a chegada à terra, mas com a entrada no templo. O caminho da salvação tem o seu ponto alto no culto ao Senhor, como expressão de comunhão com ele e com o povo. A salvação está não tanto no fato de sairmos do Egito, mas de entrarmos em comunhão com Deus e, a partir desse encontro, dar um novo sentido a todos os nossos encontros com o outro, consigo mesmo, com a natureza, com o universo. Esse é o verdadeiro ponto de chegada do Êxodo, a renovação interior.

## Israel, a Segulah de Deus

A consequência da salvação oferecida por Deus a Israel é que ele será, de ora em diante, propriedade particular (*segulah*) de Deus entre todos os povos e será um reino de sacerdotes e uma nação santa (Ex 19,5-6), mesmo que todos os povos lhe pertençam. Mas essa é uma pertença particular, uma posse privada, escolhida, mais preciosa do que as outras e de qualquer forma sua. Um exemplo para ilustrar essa propriedade particular encontramos em 1 Crônicas 29,1-3, em que o rei Davi fala do templo que será construído pelo seu filho Salomão, e nele serão empregados o ouro, a prata, o bronze, madeira e pedras preciosas do reino. Observe que não são bens pessoais, mas do reino. Além desses bens, empenhará o ouro e a prata "que eu possuo", ou seja, que são de propriedade particular do rei (1Cr 29,4). É nesse sentido a pertença de Israel ao Senhor, como propriedade particular. No mesmo sentido encontramos Isaías 62,3 em relação a Jerusalém: "Serás coroa gloriosa nas mãos do Senhor, turbante real na palma de teu Deus".

Israel, como propriedade particular de Deus, faz com que ele seja um povo santo, consagrado ao Senhor, ou seja, reino de sacerdotes e nação santa. A santidade do povo está em estreita relação com o fato de ser propriedade pessoal de Deus. A santidade do povo é a manifestação da aceitação da escolha de Deus. O ouro pessoal de Deus é a "pepita" menor que havia entre todas as grandes pepitas de ouro do reino, segundo Deuteronômio 7,7: "Se o Senhor se afeiçoou a vós e vos escolheu, não é por serdes os mais numerosos de todos os povos, pelo contrário: sois o menor dentre os povos, e sim por amor a vós e para manter a promessa a vossos pais...". A escolha vem do amor de Deus e não da capacidade de amor fiel do povo; também este só vem em resposta ao amor de Deus. Mesmo quando Moisés transmite todas as palavras que o Senhor lhe havia ordenado e o povo lhe responda: "Tudo o que o Senhor disse, nós o faremos!" (Ex 19,7-8), sempre é resposta a Deus, que amou por primeiro (1Jo 4,19).

O que torna possível o encontro com Deus é a mediação, o afastamento e a purificação, para dizer que só aquele que é santo pode se aproximar do Santo. A purificação é como o reconhecimento da santidade de Deus. A relação sexual torna impuro o homem pela emissão do esperma em contato com a mulher. O aproximar-se do Senhor significa aproximar-se da origem da vida. Por isso, é preciso manter-se longe, para não morrer, mas não afastar-se dele porque é ele quem dá a vida. A circuncisão pode ser entendida como sinal do reconhecimento da parte do povo, de que a vida vem do Senhor. O poder de gerar torna o homem semelhante a Deus; é exatamente esse órgão que é ferido pela circuncisão para que seja possível gerar sem ser ele o detentor da geração. Ele torna-se capaz de gerar, na medida em que reconhece que a vida vem só de Deus e que não é ele o princípio da geração.

O texto apresenta um Deus transcendente acompanhado de eventos terríveis, que espanta o povo e que são portadores de uma revelação que ameaça. Quando Deus se revela, qualquer coisa de ameaçador se faz visível aos olhos do povo, colocando em perigo os que moram nesse lugar. Tanto no

Primeiro quanto no Segundo Testamento, toda a manifestação de Deus ou teofania é sempre acompanhada pela palavra "não tenha medo". Teofania e medo vão sempre juntos. É um modo importante com o qual o texto ajuda o ser humano a entender a relação que pode ter com Deus. É uma relação com o Senhor não assimilável pelo mundo, nem é uma presença reduzível às manifestações. É uma alteridade que o ser humano não pode suportar e para o ser humano se revela como salvação. Deus é totalmente "Deus", tão diverso, tão outro, transcendente, que toda tentativa por parte do ser de aproximação torna-se perigosa, é risco de morte. Deus desce sobre o monte e o povo entra em pane; mantém-se distante, não se aproxima do monte, e pede a Moisés para pedir a Deus que se comunique com ele por seu intermédio.

Esse Deus que é portador de um poder que parece ser de morte, na verdade, é portador de uma vontade de vida. Por isso, é preciso sair do medo e entrar no temor de Deus. Moisés fez a experiência de Deus aproximando-se dele, sem morrer. Torna-se, agora, testemunho de que Deus é o Deus da vida. O povo tem medo, mas não foge de Deus, porque reconhece em Deus o princípio da vida, e romper com ele seria o mesmo que romper com o princípio da vida. O mediador que convida ao temor de Deus testemunha que Deus o faz viver, mesmo permanecendo na alteridade inacessível, do qual não se pode jamais aproximar. Nós não podemos nos aproximar de Deus nem podemos vê-lo, embora o texto de Gênesis 32,31 se refira às palavras de Jacó: "Eu vi Deus face a face e a minha vida foi salva". A visão direta de Deus, nas Escrituras, comportava para o ser humano um perigo mortal. Continuar vivo depois dela é sinal de favor especial, como aconteceu com Jacó.

## Moisés, o mediador do perdão

Se a aproximação física com a montanha e com o próprio Deus era impossível para o povo, embora não fosse para

Moisés, mesmo sendo um mortal igual a eles, quanto mais agora que o povo torna-se infiel e idólatra, construindo para si um representante visível do Senhor na terra, como o bezerro de ouro. Esta sim poderia ser uma afronta merecedora de morte. O ídolo é ironicamente chamado de bezerro de ouro. Esse era um dos símbolos da divindade no Oriente Antigo. Ora, a Arca da Aliança havia sido, até então, o símbolo da presença do Senhor no meio do povo. Com certeza, deveria ter havido um grupo talvez rival que quisesse escolher como símbolo da presença de Deus o touro. Mas trata-se sempre do Senhor Deus, que os fez sair do Egito.

Nós temos duas narrativas sobre o mesmo fato: o "bezerro de ouro" no livro do Êxodo,[58] um pouco mais longa, e a do livro do Deuteronômio.[59] A nossa escolha recaiu sobre o texto do livro do Deuteronômio, que é mais sucinto, trazendo elementos importantes para a nossa consideração. O texto que segue retrata o pecado de Israel e a intercessão de Moisés:

> Lembra-te! Não esqueças de que irritastes o Senhor teu Deus, no deserto. Desde o dia em que saíste da terra do Egito, até a vossa chegada a este lugar, estais sendo rebeldes ao Senhor Deus! Até mesmo no Horeb irritastes ao Senhor! O Senhor se enfureceu contra vós, querendo vos exterminar. Quando eu subi à montanha para tomar as pedras de pedra, as tábuas da Aliança que o Senhor tinha concluído convosco, permaneci na montanha durante quarenta dias e quarenta noites, sem comer pão e sem beber água. O Senhor deu-me, então, as duas tábuas de pedra, escritas pelo dedo de Deus. Sobre elas estavam todas as palavras que o Senhor falara convosco na montanha, do meio do fogo, no dia da assembleia. Após quarenta dias e quarenta

---

[58]   Cf. Ex 32–34.

[59]   Cf. Dt 9,1–10,11.

noites, o Senhor me entregou as duas tábuas de pedra, as tábuas da Aliança. O Senhor, disse-me, então: "Levanta-te! Desce daqui depressa, pois teu povo, o que fizeste sair do Egito, já se corrompeu. Já se desviaram do caminho que eu lhes ordenara: fizeram para si um ídolo de metal fundido!" E o Senhor acrescentou: "Vejo bem este povo: é um povo de cerviz dura! Deixa-me! Vou exterminá-lo, apagar o seu nome sob o céu! Vou fazer de ti uma nação mais poderosa e numerosa do que esta!" Voltei-me e desci da montanha. A montanha ardia em fogo. As duas tábuas da Aliança estavam nas minhas duas mãos. E então olhei. Sim! Eis que tínheis pecado contra o Senhor vosso Deus. Havíeis feito um bezerro de metal fundido, afastando-vos bem depressa do caminho que o Senhor vos ordenara. Peguei, então, as duas tábuas e atirei-as com as minhas duas mãos, quebrando-as aos vossos olhos. Prostrei-me diante do Senhor como a primeira vez, durante quarenta dias e quarenta noites. Não comi pão nem bebi água, por causa do pecado que tínheis cometido, fazendo o que era mau aos olhos do Senhor, a ponto de provocardes a sua cólera. Pois, eu tinha medo da cólera e do furor que o Senhor dirigia contra vós, querendo até vos exterminar; o Senhor, contudo, ouviu-me ainda desta vez. O Senhor também ficou muito enfurecido contra Arão, querendo exterminá-lo. E naquele dia supliquei também por Arão. Quanto ao pecado que havíeis cometido tendo fabricado para vós o bezerro, tomei-o e queimei-o. Esmaguei-o, completamente até reduzi-lo a pó, e o atirei depois no ribeiro que desce da montanha (Dt 9,7-21).

A experiência vivida pelo povo aos pés do Sinai envolveu, de forma especial, a escuta de Moisés, que trouxe ao povo a Palavra do Senhor, e os olhos que contemplaram os sinais externos e grandiosos que a teofania do Senhor revelou sobre a montanha. Mesmo que o povo não possa escutar diretamente com os seus ouvidos, a voz do Senhor e ver com os seus olhos as manifestações de Deus, a não ser pelos sinais já conhecidos, a atividade humana do escutar e ver está diretamente ligada ao ser humano feito de carne e osso. A nossa tendência é identificar o visível com o real e o que é invisível com o irreal. Eis por que diante de Deus que não se vê nasce a necessidade de fazer um bezerro de ouro para ser visto. Ou seja, o Deus que não se vê não é real, o Deus que se vê é um ídolo. No fato de ver há uma pretensão que podemos chamar de "absolutizante" e ilusória.

## Um deus real e um Deus invisível

O fato de ver tem a pretensão de ser real, e ilusório o que não se vê. Isto não é verdade. Posso ver uma pessoa e observá-la pela sua exterioridade, pelas suas aparências. Essa visão é parcial e ilusória, porque não a conheço na sua essência. Se é limitado na dimensão humana, quanto mais na divina. A nossa pretensão de querer ver a Deus com os nossos olhos carnais significa reduzi-lo aos contornos humanos, pequenos e limitados. Só podemos ver a Deus quando estes olhos carnais não existirem mais, numa nova dimensão, que não estará mais limitada à terra.

Ainda assim, no nível humano, a escuta é capaz de abrir-se ao mistério mais do que os olhos. Para escutar é preciso estar próximo, e se o povo se aproximar, morre; por outro lado, é preciso aproximar-se sem se aproximar, ver sem ter visto, escutar sem ter escutado. Como é possível tudo isso? Por meio do mediador, que é parte do povo. Quando o Senhor Jesus torna-se mediador total, definitivo e radical, ele se faz humano para poder ser o nosso mediador. Moisés faz parte do povo, é povo, e quando ele se aproxima de Deus é também o povo que se aproxima dele. Por isso, o povo entra na terra prometida e Moisés não pode entrar na terra. Também para os que entram é como se não entrassem, possuem a terra como se não a possuíssem, continuando a recebê-la como dom. É sempre um paradoxo. É sinal de um mistério do qual o ser humano é portador, mas só na medida em que ele reconhece que não lhe pertence, e, por isso, permanece dom perene, continuamente dado e recebido.

Jesus, pela sua morte e ressurreição, testemunha que podemos passar pela morte crendo no Deus da vida e sendo salvos por ele. Essa é a experiência que o povo de Israel faz de Deus. Ele apenas acabou de fazer essa experiência, renuncia a Deus, para fazer-se um bezerro de ouro. Moisés está sobre a montanha recebendo as tábuas da lei, e o povo ao pé da montanha se dirige a Arão, irmão de Moisés e sacerdote, para fazer-lhes uma imagem de Deus, para representá-lo de forma visível. Arão aceita a proposta do povo e abre o espaço para a idolatria. O sacerdote Arão ficou sem o profeta, Moisés. Um sacerdócio sem a profecia termina inevitavelmente na idolatria, porque o culto sem uma palavra profética que o interprete termina por tornar-se um rito, que em vez de expressar a fé, e por isso, um verdadeiro culto a Deus, acredita poder substituí-la. No momento em que falta a palavra profética que faz apelo à fé permanece o rito vazio de fé e torna-se idolátrico. O dom do ouro que receberam ao sair do Egito serviu para fabricar um deus falso. O dom torna-se o lugar de apropriação e, por isso, termina por substituir o Doador, Deus.

## Pela memória: a renovação da fé

A fé de Israel é fundamentalmente memória, recordação da ação de Deus em seu meio, o reconhecimento das infidelidades e da sua misericórdia pelo seu perdão. Essa memória torna possível, de um lado, a confissão da própria infidelidade e, por outro, lado, o louvor a Deus pela sua fidelidade e misericórdia. O povo é convidado a se lembrar dos quarenta dias e noites que Moisés jejuou esperando receber as duas tábuas da lei, contendo as dez palavras. Jesus igualmente faz jejum durante quarenta dias e quarenta noites, antes de iniciar o seu ministério. O fato de comer depois dos quarenta dias e quarenta noites possibilita o prolongamento da vida do corpo. O jejum é um modo pelo qual o autor bíblico quer nos dizer que a vida não se identifica com a comida, e que nós não vivemos por causa dela, mas pela Palavra de Deus, pela sua lei, pelas dez palavras que Deus pronunciou; este é o verdadeiro valor do jejum. Pois a espera pela Palavra é a espera pela fonte da vida. Essa fonte de vida é dada no fim dos quarenta dias e quarenta noites, com o dom das dez Palavras. Esta nos possibilita viver segundo a vida de Deus, beber da mesma fonte divina.

Moisés leva a termo a sua mediação, quando se faz portador das tábuas da lei. São todas as palavras que Deus pronunciou sobre a montanha em meio ao fogo que são dadas como presença que permanece para sempre. Não há só a memória para estabelecer a relação entre Deus e o povo, mas há também o sinal do fogo, da fumaça, do trovão e do relâmpago e de seu poder. O Monte sobre o qual Deus havia ditado as suas palavras ardia em fogo (v. 15). Moisés faz queimar o bezerro de ouro no fogo. O fogo revela a presença de Deus, que não tem contornos definidos, que devora os ídolos e tudo o que se contrapõe a Deus. Deus pede para Moisés descer da montanha porque o povo se desviou (v. 12). É a tentativa insensata de substituir a glória invisível de Deus com um elemento visível. Essa imagem é ridicularizada pelo salmo 106,20: "Eles trocaram a glória de Deus pela imagem de um boi comedor de erva". A erva é típica de algo que não dura. O profeta Isaías 40,7s identifica o povo com a erva: "... com efeito, o povo é erva; seca a erva, murcha a flor, mas a Palavra do nosso Deus permanece para sempre". Israel muda a glória do Deus invisível com um animal que come erva, alimenta a vida com aquilo que não dura, nem mesmo um dia. O Deus que é fonte da vida e faz viver é trocado por um comedor de capim, um animal que se alimenta da erva que dura apenas algumas horas.

Há nas culturas circunvizinhas de Israel, como no Egito, Síria, Fenícia e Mesopotâmia, a figura do touro como símbolo do poder, da força, da capacidade geradora e da fecundidade que representava a divindade. Para o povo, o bezerro de ouro era uma figura adequada para identificar com Deus, representar o poder e a fecundidade, enquanto origem da vida, tornado visível pelo bezerro. Mas é a transgressão do segundo mandamento que proíbe a representação de Deus por imagem, por aquilo que existe sobre a terra, o mar e o céu. Isto é sinal de que o ser humano tem dificuldade para manter por longo tempo uma relação com o invisível. Mas quer que a sua presença seja visível, manejável, controlável. O bezerro de ouro reaparece com Jeroboão na divisão do reino do Norte. Para evitar a peregrinação do seu povo ao templo de Jerusalém, mandou construir dois santuários, um em Betel e outro em Dã, e em ambos colocou um bezerro de ouro para representar o Senhor Deus de Israel (1Rs 12,26ss).

## O bezerro: eis o nosso Deus

O que é a idolatria? É a identificação de Deus com o ídolo que fabricaram. Esse é o pecado típico do povo, a idolatria. É, na verdade, a pretensão de fechar Deus dentro dos nossos esquemas mentais, dos nossos critérios com todas as características da idolatria, embora continuando a chamá-lo o Deus transcendente. O bezerro de ouro representa o pecado típico do ser humano, na sua relação com Deus invisível, que sente a necessidade de torná-lo visível e controlável. A fé não é mais capaz de crer que também o invisível é real, antes, é na invisibilidade que se realizam toda a realidade e a verdade. O que ocasionou o pecado de Israel foi o desaparecimento do mediador. O povo ficou só, não sabia o que Moisés estava fazendo sobre a montanha. O que o povo devia continuar a fazer? Continuar acreditando que Deus permanecia presente no meio deles. Ao invés, identifica a presença de Deus com a presença do mediador. Identifica o desaparecimento de Deus com o desaparecimento do mediador. Não é capaz de prolongar a fé sem um mediador que seja garantia da presença de Deus. É um povo que não entende de que tipo é a presença de Deus, pois a identifica com o visível. O povo identifica a mediação com o bezerro de ouro. O que pensar de nossas comunidades, quando um líder de comunidade ou um pároco é transferido, e o povo de Deus não continua nessa comunidade ou, ainda, se dispersa?

O povo de Israel precisa entender que a relação que salva não é a sua relação com a mediação, Moisés, mas com Deus. Jamais a relação com o mediador pode ser identificada com a relação com Deus. O povo não sabe reconhecer a verdadeira mediação porque não sabe reconhecer o verdadeiro Deus, do qual Moisés é mediador e interpreta essa ausência como ausência de Deus, e vai à busca de um deus visível, porque, sendo feito de ouro, pode ser manipulado. Este é o pecado de Israel.

A advertência que o Senhor fez a Moisés é: "Vai, desce porque o teu povo, que fizeste subir da terra do Egito, se perverteu. Depressa se desviaram do caminho que lhe havia ordenado. Fizeram para si um bezerro de metal fundido, o adoraram, lhe ofereceram sacrifícios e lhe disseram: 'Este é teu Deus, ó Israel, que te fez subir do país do Egito'" (Ex 32,7-8). À pressa do povo em pecar, sendo infiel à aliança, corresponde a pressa de Deus em perdoar e salvar. O povo havia feito a aliança e em seguida pecou. Não tendo ainda recebido as tábuas da lei, ele a transgrediu. Mas a lei já havia sido dada a Moisés. Observe a fala de Deus a Moisés: "... o teu povo, aquele que tu fizeste sair do Egito, se transviou...". Israel não é mais o povo de Deus, pois o renegou. Arão, apenas concluído o bezerro de ouro o apresentou ao povo dizendo: "Eis o teu deus, aquele que te fez sair do Egito" (v. 8). Não o meu povo, disse Deus, mas o teu povo.

Onde se revela o pecado faz-se necessária a punição, porque ela revela a gravidade do pecado. E se essa não existisse, poderia ser interpretado como se não tivesse havido pecado. A punição revela por outro lado a gravidade do pecado que Israel cometeu. O pecador, abandonado a si mesmo, não poderia dar-se conta plenamente do seu mal. Por isso, a intervenção de Deus com a sua punição quer ajudar o pecador a tomar consciência do próprio pecado e entender que o que ele está fazendo o destrói, e por isso, deixando de fazê-lo, se deixe perdoar e salvar.

## Mediador do perdão

Moisés torna-se mediador do perdão, no momento em que ele aceita ser o mediador da acusação e da punição por parte de Deus. Como mediador de Deus e do povo, torna-se portador do desejo da salvação de Deus. A acusação e a punição salvam o ser humano, só na medida em que são portadores do perdão e do amor, ajudando o outro verdadeiramente a se converter. Se o motivo fosse a ira ou a vingança, não haveria possibilidade de haver conversão por parte do povo. Mas é a própria acusação que possibilita ao ser humano deixar-se perdoar, é isto que Deus quer. Deus pune porque se interessa pelo destino do ser humano, quer que o povo seja salvo. A punição não é condenação, mas é instrumento de salvação porque é um modo pelo qual o povo deixa de pecar e, por isso, é de novo salvo.

Moisés, sendo o mediador de Deus junto ao povo e do povo junto a Deus, deve amar o povo mais do que a si mesmo, caso contrário, ele não poderá levar ao cumprimento a mediação de salvação junto a Deus. É desse modo que ele torna-se intérprete do perdão de Deus para o povo e da necessidade que o povo tem de sua salvação. É a intercessão de Moisés que verbaliza aquilo que Deus quer. O texto que segue parece dar a entender que Moisés é mais misericordioso do que Deus, para com o seu povo:

> Moisés, porém, suplicou ao Senhor, seu Deus e disse: "Por que, ó Senhor, se ascende a tua ira contra o teu povo, que fizeste sair do Egito, com grande poder e mão forte? Por que os egípcios haveriam de dizer: 'Ele os fez sair com engano, para matá-los nas montanhas e exterminá-los da face da terra'? Abranda o furor da tua ira e renuncia ao castigo que pretendias impor a teu povo. Lembra-te dos teus servos Abraão, Isaac e Israel, aos quais juraste por ti mesmo, dizendo: 'Multiplicarei a vossa descendência como as estrelas do céu, e toda a terra que vos prometi, dá-la-ei a vossos filhos para que a possuam para sempre'". O Senhor, então, desistiu do castigo com o qual havia ameaçado o povo (Ex 32,12).

Não há Deus que queira destruir o seu povo, e Moisés talvez seja melhor do que Deus para convencê-lo a ter misericórdia do povo para salvá-lo... Não é isso! Deus é movido pelo amor, mesmo quando ameaça o seu povo: "Agora, pois, deixa para que se ascenda contra eles a minha ira e eu os consuma..." (Ex 32,10), porque ele quer que entenda o próprio mal. O pai de família corrige os seus filhos porque lhes quer bem, quer que eles compreendam o que faz mal a eles mesmos. O povo deve entender que está se autodestruindo, deve deixar de praticar o mal. Essa é a vontade de Deus e, por isso, Moisés pode fazer essa oração de intercessão, porque ele assumiu como seus o desejo e os sentimentos de Deus. Moisés assume também o modo como Deus denuncia o mal, revela a gravidade do mal para que o ser humano se deixe libertar. É desses sentimentos que Moisés é portador na sua mediação.

Moisés desce da montanha com as tábuas da lei. A tradução literal de Deuteronômio 9,17 é: "Peguei as duas tábuas e as atirei *das* minhas mãos" e não "*com* as minhas mãos", como normalmente é traduzido. Parece indicar que há uma impossibilidade de Moisés continuar a segurá-las em suas mãos, porque elas são o sinal da Aliança, que foi rompida. O seu gesto indica não apenas que não há mais Aliança, como também Moisés não pode mais continuar a mediação, porque não existe mais Aliança. As tábuas quebradas mostram até que ponto chegou a infidelidade do povo.

O gesto de Moisés revelou a gravidade do pecado, o rompimento da Aliança com Deus. A destruição do bezerro de ouro confirma o primeiro gesto. De forma simbólica, revela a que ponto chegou a capacidade de salvação de Deus, destruindo o pecado do ser humano. O modo pelo qual Deus salva o ser humano não é o de renunciar a punir o ser humano, mas salva de tal maneira que não é mais necessário puni-lo, porque destrói o pecado. Como se, ao destruir o bezerro de ouro, o pecado de Israel não existisse mais. Só Deus pode destruir o pecado e deixar salvo o pecador: "Quanto ao pecado que havíeis cometido, o bezerro, tomei-o e queimei-o. Esmaguei-o, moendo-o completamente até reduzi-lo a pó, e atirei-o depois no ribeiro que desce da montanha" (Dt 9,21). Deus destrói o pecado salvando o pecador. Moisés é mediador dessa capacidade divina de destruir o pecado do povo e de salvar o pecador.

O bezerro não é apenas destruído em pedaços, mas é queimado pelo fogo, como em Êxodo 32, quando Arão fabrica-o com os brincos de ouro das mulheres. O fogo havia servido para fundir o ouro e, com ele, ser fabricado o bezerro;

agora serve para destruí-lo. O mesmo elemento serve de punição e de salvação, é sinal de pecado e de perdão. O bezerro é queimado, esmigalhado e reduzido a pó. No livro do Êxodo, Moisés faz o povo beber da água na qual foi jogado o pó do bezerro de ouro, enquanto no livro do Deuteronômio Moisés joga o pó na torrente do rio. No caso do livro do Êxodo, pode ter relação com outro texto de Números 5,11-28, quando uma mulher denunciada como suspeita de adultério devia ser levada diante do sacerdote, que pegava do pó que estava sobre o piso do santuário e o misturava com água e fazia-a beber. Se ela passasse mal, era considerada culpada; se não lhe fizesse mal, era declarada inocente. Há qualquer coisa semelhante nesse gesto de Moisés, em fazer o povo beber da água com o pó do bezerro de ouro. A imagem que aparece em ambos os textos é frequente nos textos da Bíblia em relação à sorte dos inimigos do povo, que serão reduzidos a pó e depois espalhados.[60] A imagem do bezerro de ouro esmigalhado é como a aniquilação dos inimigos, proclamando a grande vitória de Deus.

As tábuas dadas pela segunda vez são novamente o dom gratuito de Deus, que faz uma nova aliança não mais baseada na capacidade humana de ser fiel, mas única e exclusivamente no perdão de Deus, que engloba a infidelidade do outro e a restaura. Essa nova aliança, não mais escrita sobre pedras, é a realização do definitivo perdão que para sempre destrói o pecado do homem e o torna fiel.

Moisés recebeu de Deus a missão de ser o mediador entre Deus e o povo e entre o povo e Deus. Ele foi servo fiel. Ensinou Israel a servir ao Senhor com um culto que lhe fosse agradável, mostrando-lhes a grandeza do Senhor que se revela ao povo pela sua palavra e pelos elementos da natureza: a

---

[60] Cf. 2Rs 13,7; Is 29,5; Sl 18,43.

montanha, o fogo, o vento, a fumaça, o tremor. Moisés revela ao povo as exigências de Deus que se traduzem numa vida orientada pela observância ética, moral, profundamente ligada à vida humana. Mostrou ao povo o Deus dos pais, que o protege, abençoa e o acompanha nas diferentes vicissitudes. Aprenderam a invocar o Senhor para libertá-los, nutri-los, conduzi-los e salvá-los.

## 4. Davi, rei segundo o coração de Deus

### O retrato de Davi

Muito cedo ouvimos falar da história de Davi, segundo as informações que a Bíblia nos apresenta. Davi foi o segundo rei escolhido por Deus para governar o povo de Israel. Tal história inicia-se no primeiro livro de Samuel, no capítulo dezesseis, e vai até o primeiro livro de Reis, capítulo dois. Aqui segue uma pequena síntese para "refrescar" a nossa memória e podermos dar início à nossa reflexão sobre o texto do segundo livro do Samuel, 12,1-15a.

Desconhecemos a primeira infância de Davi; já adolescente ele pastoreava os rebanhos de seu pai Jessé, o Betlamita, e era o menor de oito filhos. Diz o texto que "era ruivo, de belo semblante e admirável presença" (1Sm 16,12). Se fôssemos fazer um retrato falado de Davi, talvez pudéssemos dizer que foi sob muitos aspectos uma personalidade excepcional: valente e indomável guerreiro, afortunado conquistador, político astuto que sabia usufruir das situações do momento, sábio organizador do Estado, sobretudo, no primeiro período de reinado, e administrador equitativo da justiça.

De alma generosa, foi fiel com os amigos e usou de ternura. Prova-o a sua atitude para com o filho de Jônatas e para com o próprio Jônatas, ao morrer. Mostrou-se tão condescendente para com os filhos a ponto de revelar uma fraqueza: não soube punir Amon (por ter violado Tamar, a própria irmã) e perdoou o fratricídio de Absalão, sem tomar as devidas precauções. Contudo, Davi foi cruel com os seus opositores, fazendo desaparecer grande parte da descendência de Saul e dizimando os moabitas, além de provocar a morte de Urias.

Foi um homem religioso, segundo o modelo de sua época; de sincera piedade, recorria à oração e aos conselhos dos homens de Deus, como Gad e Natã. Chegou a aceitar ser destronado com o temor de opor-se à vontade de Deus. Fez penitência dos seus pecados aceitando as sugestões do profeta (2Sm 12,15-26). Mostrou uma atitude penitente também por ocasião do recenseamento. Não se deve excluir que tenha composto algum salmo em honra do Senhor.[61]

Com o passar dos anos foram esquecidos os defeitos de Davi e ele tornou-se o rei ideal de Israel, profundamente humano e totalmente dedicado ao serviço de Deus. Assim é apresentada a sua figura nos livros das Crônicas e no livro do Eclesiástico (Eclo 47,1-11).

## Davi, de pastor a rei

Na tradição bíblica, o rei, como todo o povo de Israel, era chamado a seguir os ensinamentos da Torá, dadas ao povo por meio de Moisés. Ele era o mediador entre Deus e o povo, entre o povo e Deus. Ele foi escolhido por Deus para essa missão, mas também pedida pelo povo: "Fala-nos tu, e nós ouviremos; não nos fale Deus, para que não morramos" (Ex 20,20), pois eles tinham medo de Deus pelas suas manifestações sobre a

---

[61] Cf. VIRGULIN, S. Davide. In: *Nuovo Dizionário di Teologia Biblica*. Torino: Edizioni Paoline, 1988. pp. 365-370.

montanha. Também junto aos reis, mesmo que o rei fosse uma autoridade diante do povo, ele não tinha um poder absoluto, de vida ou morte sobre os súditos, como tinham os demais reis dos povos vizinhos. Ele não era considerado divino como no Egito e outros lugares. "Em Israel, ele tinha de se submeter ao Senhor Deus que o escolhera, e observar todos os mandamentos dados a Israel. Era tarefa do profeta do Senhor encorajar o rei a cumprir essas obrigações e repreendê-lo em nome de Deus, caso deixasse de cumpri-las."[62]

No livro do Deuteronômio, faz parte da tradição Deuteronomista; ele fala explicitamente da responsabilidade do rei em seguir "o Livro da Lei": "Quando subir ao trono real, ele deverá escrever num livro, para seu uso, uma cópia desta Lei, ditada pelos sacerdotes levitas. Ela ficará com ele, ele a lerá todos os dias da sua vida, para que aprenda a temer ao Senhor todos os dias da sua vida, para que aprenda a temer ao Senhor seu Deus, observando todas as palavras desta Lei e colocando estes estatutos em prática. Desse modo, ele, não se levantará orgulhosamente sobre seus irmãos, nem se desviará deste mandamento para a direita ou para a esquerda, de modo a prolongar os dias do seu reinado, ele e seus filhos, no meio de Israel" (Dt 17,18-20).

Infelizmente a fragilidade humana é muito grande; mesmo que tenha toda a boa vontade deste mundo, não consegue manter-se fiel, senão na vigilância constante para ser fiel aos ensinamentos da Torá. Também o rei Davi sucumbiu à tentação e foi infiel à Lei do Senhor e se desviou do caminho. Pecou cobiçando a mulher de Urias, cometendo um adultério e um homicídio, ao colocar estrategicamente Urias, marido de Betsabeia, em situação de risco extremo, o qual morreu em

---

[62] Cf. BALWIN, Joyce G. *I e II Samuel*; introdução e comentário. São Paulo: Vida Nova, 2006. p. 266.

consequência disso. Esses pecados não podiam ficar impunes, clamavam os céus. Não tardou, Deus mandou o profeta Natã falar com Davi. Ele entrou e lhe disse:

"Havia dois homens na mesma cidade, um rico e outro pobre. O rico possuía ovelhas e vacas em grande número. O pobre tinha senão uma ovelha, só uma pequena ovelha que ele havia comprado. Ele a criara e ela cresceu com ele e com os seus filhos, comendo do seu pão, bebendo na sua taça, dormindo no seu colo: era como sua filha. Um hóspede veio à casa do rico, que não quis tirar uma das suas ovelhas ou de suas vacas, para servir ao viajante que o visitava. Ele tomou a ovelha do pobre e a preparou para a sua visita". Davi se encolerizou contra esse homem e disse a Natã: "Pela vida do Senhor, quem fez isso é digno de morte! Devolverá quatro vezes o valor da ovelha, por ter cometido tal ato e não ter tido piedade". Natã disse a Davi: " Esse homem és tu! Assim diz o Senhor Deus de Israel: 'Eu te ungi rei de Israel, eu te salvei das mãos de Saul, eu te dei a casa do teu senhor, eu coloquei nos teus braços as mulheres do teu senhor, eu te dei a casa de Israel e de Judá, e se isto não é suficiente, eu te darei qualquer coisa. Por que desprezaste o Senhor e fizeste o que lhe desagrada? Tu feriste à espada Urias, o heteu; sua mulher, tomaste-a por tua mulher, e a ele mataste pela espada dos amonitas. Agora a espada não mais se apartará da tua casa. Porquanto me desprezaste e tomaste a mulher de Urias, o heteu, para que ela se tornasse tua mulher'. Assim diz o Senhor: 'Na tua própria casa farei surgir a desgraça contra ti. Tomarei as tuas mulheres, debaixo dos teus olhos, e as darei ao teu próximo, que se deitará com as tuas mulheres à luz deste sol. Tu agiste em segredo, mas eu cumprirei tudo isso perante a face de todo o Israel à luz do sol!'". Davi disse a Natã: "Pequei contra o Senhor!" Então Natã disse a Davi: "Por sua parte, o Senhor perdoa a tua falta: não morrerás. Mas, por teres ultrajado ao Senhor com o teu procedimento, o filho que tiveste morrerá". E Natã o deixou (2Sm 12,1-15a).

O texto não deixa entrever, nem antes nem depois dele, que a sociedade tenha feito algum comentário malicioso a respeito da conduta do rei, ou alguma crítica indulgente ou reprovadora pela sua transgressão à Lei do Senhor, ao cometer adultério e ao ser responsável pelo homicídio de Urias. Ela se cala, talvez pelo fato de se tratar do rei, de uma autoridade à qual eles temem, ou até por acharem que o rei pode tudo. Mas o mais grave é que também Davi cala-se, age na surdina, pois o último versículo do capítulo 11 afirma: "Terminado o luto, Davi mandou buscá-la (Betsabeia) e a recebeu em sua casa; tomou-a por esposa, e ela deu à luz um filho. Mas o Senhor reprovou o que Davi fizera".

O mais grave, porém, é que a consciência de Davi também se cala, não o acusa. Cabe agora ao profeta Natã, que já havia se pronunciado favoravelmente sobre a promessa dinástica, se pronunciar em forma de acusação e lhe dar a sentença condenatória, em nome de Deus. É um encargo arriscado, porque o profeta não pode falhar, nem dizer meias verdades, em momento algum titubear, ou ser complacente com o rei. Ele prepara cuidadosamente o oráculo, escolhendo as palavras, tudo é anônimo: o homem rico, o homem pobre, o viajante, a cidade. Depois cria uma oposição entre o rico, como aquele que "tem" muitas ovelhas e vacas, e o pobre, que tem apenas uma ovelhinha. No rico há uma relação de posse com o que "possui" e no pobre uma relação pessoal de afeição. O profeta envolve emocionalmente o rei Davi, ao proferir em nome de Deus o oráculo.

## O homem rico e o homem pobre

Davi era conhecido como o homem que "exercia o direito e fazia justiça a todo o povo" (2Sm 8,15). Com certeza Natã escolheu uma forma impessoal, como a parábola, para referir-lhe a injustiça que havia sido cometida na cidade, por um homem rico contra um pobre, e sobre a qual Davi devia se pronunciar. A sensibilidade espiritual de Davi havia se endurecido por seus graves atos de infidelidade à Lei do Senhor. O homem rico e poderoso da história é Davi, o homem pobre e fraco era Urias, vítima do rei. A grande riqueza do rei em terras, rebanhos e ouro é para ressaltar paralelamente a sua grande iniquidade. Enquanto Urias tinha apenas a mulher que ele desposara, com a qual vivia em paz, e eles se amavam: "... era como uma filha e compartilhava de todos os aspectos da vida dele, comendo de sua mesa, bebendo de seu copo e até deitando-se com ele na mesma cama". Essas várias expressões referem-se: "aos cuidados, à gentileza, ao amor e à ternura de um marido carinhoso, cujos afetos... tinham feito sua esposa uma participante de tudo quanto ele possuía. Eles cresceram juntos. Todas essas circunstâncias são estranhamente misturadas para aumentar a pena do ouvinte em relação ao indivíduo oprimido, e fazer crescer sua indignação contra o opressor".[63]

A obrigação do homem rico ao receber o visitante era responsabilizar-se por alimentar e cuidar dele por algum tempo, porém, não quis tomar nem sequer uma das ovelhas dos seus rebanhos, por ser ganancioso e "pão duro". Preferiu, no entanto, sacrificar a única ovelhinha do homem pobre. O profeta faz aqui menção ao adultério e ao assassinato praticado por Davi, atos indignos de quem deveria zelar pela vida e pela fidelidade à Lei do Senhor. Era como se Davi tivesse assassinado não só a Urias, mas também Betsabeia.

Na interpretação do texto original hebraico, os sábios judeus reliam: "As três designações dadas ao visitante: *viajante, hóspede e homem,* são como as três fases da infiltração do mau instinto na alma do ser humano: primeiro ele aparece

---

[63] CHAMPLIN, Russel Norman. *O Antigo Testamento interpretado versículo por versículo.* São Paulo: Hagnos, 2001. p. 1275.

como um pensamento negativo acidental, como *viajante* passageiro; deixando-o entrar, torna-se um *hóspede*, alojado dentro de casa; e se não for despachado logo, ele se torna num *ish* (= homem) que denota um ser independente, dono da situação, do qual é difícil livrar-se".[64] Há quem interprete esse visitante como sendo satanás que teria tentado Davi, pois poderia ter escolhido uma de suas esposas e concubinas para satisfazer os seus desejos, uma vez que eram tantas, um harém. Não teria tido necessidade de se apropriar da única esposa de Urias.

## "Esse homem merece a morte"

O profeta Natã conseguiu prender a atenção de Davi, que o escutou atentamente, ainda mais que, como autoridade máxima em Israel, teria de dar uma sentença, a qual não demorou. Segundo o texto, ele "se encolerizou contra esse homem e disse a Natã: 'Pela vida do Senhor, quem fez isso é digno de morte! Devolverá quatro vezes o valor da ovelha, por ter cometido tal ato e não ter tido piedade'" (2Sm 12,5-6). Davi não pergunta o nome desse homem; sente incontrolável indignação que lhe sobe das entranhas e o condena à morte, sem mesmo saber quem é, tão grave lhe pareceu esse ato, mesmo que a lei não o contemple. Propôs a devolução em quádruplo do prejuízo causado ao pobre que tinha apenas uma ovelhinha, o que era previsto pela lei: "Se alguém roubar um boi ou uma ovelha e o abater ou vender, restituirá cinco bois por um boi e quatro ovelhas por uma ovelha" (Ex 21,37). Há autores que se apoiam sobre o *dual* do texto hebraico, por isso, o quádruplo poderia significar o dobro do que a lei exige, ou seja, oito vezes mais. Esse quádruplo para outros indica a morte dos quatro filhos homens de Davi, de forma prematura e por meios violentos: o filho que nasceu de Betsabeia, Amon, Absalão e Adonias.

---

[64] BLAU, Rabino Avraham. *O livro de Samuel* (II); comentário "Nahalat Avot". São Paulo: Editora Maayanot Associação Cultural e Beneficente, 2005. p. 63.

Davi escutava a história de Natã, porém, sua consciência estava tão embotada que jamais poderia imaginar que o profeta estivesse falando em forma de parábola, dirigindo-se a ele próprio. Talvez achasse que se tratava de um homem de sua corte de justiça,[65] do qual sairia em busca pessoalmente ou, ainda, enviaria os melhores soldados para fazer-lhe justiça, tal era o ímpeto que viveu. Como rei, ele poderia decretar a sentença que considerasse justa. Na sua fala não demonstrou estar preocupado com a recuperação do homem rico, ele o queria morto. Essa é normalmente a nossa reação diante de situações extremas de violência que acontecem em nossa sociedade e que são longamente comentadas e exploradas pelos Meios de Comunicação Social. Passou o momento, tudo cai no esquecimento e quase nada acontece. O que fazemos para criar consciência e mudar a situação? É como afirma o sábio: "Quão facilmente nosso ressentimento ascende-se em casos de injustiça óbvia... que não dizem respeito, diretamente, a nossa própria segurança, orgulho ou posição, ou nossos próprios desejos egoístas? Quão facilmente, todo o tempo, praticamos nossas próprias formas de injustiça! O temperamento fogoso de Davi imediatamente fez ascender a sua ira, como muitas vezes aconteceu com ele[66] e, no entanto, não estava irado consigo mesmo, o ofensor da parábola. Ele estava ansioso para dirigir seu desprazer para outra pessoa. Assim externamente, desculpamos em nós mesmos o que condenamos, com veemência, em outras pessoas".[67]

## "Tu és esse homem"

Natã dá nome ao homem rico da parábola e, com ele, nomeia também o pobre e sua ovelhinha. "Tu és este homem"

---

[65] Cf. 1Sm 26,16.

[66] Cf. 1Sm 25,13.22.33.

[67] CHAMPLIN, Russel Norman. *O Antigo Testamento interpretado versículo por versículo*. São Paulo: Hagnos, 2001. p. 1.276.

(v. 7) que cometeu esse crime e pronunciou a sua própria sentença. As palavras de Natã interpelaram e encurralaram o rei. Como a todo ser humano, essa é a luz que penetra e delata todo o mal, como afirma o escrito aos Hebreus: "Pois a Palavra de Deus é viva, eficaz e mais penetrante do que qualquer espada de dois gumes; penetra até dividir a alma e o espírito, junturas e medulas. Ela julga as disposições e as intenções do coração. E não há criatura oculta à sua presença. Tudo estás nu e descoberto aos olhos daquele a quem devemos prestar contas" (Hb 4,12s).

O coração de Davi foi iluminado pela interpretação direta da parábola. O homem ofendido era Urias, o ofensor Davi e a ovelhinha, Betsabeia. Ele havia infringido a dois mandamentos da Lei do Senhor. E como se essa verdade não bastasse, o profeta passou a elencar todos os benefícios que o Senhor lhe havia concedido. "Assim diz o Senhor Deus de Israel: 'Eu te ungi rei de Israel, eu te salvei das mãos de Saul, eu te dei a casa do teu senhor, eu coloquei nos teus braços as mulheres do teu senhor, eu te dei a casa de Israel e de Judá, e se isto não é suficiente, eu te darei qualquer coisa'". Por fim, se algo mais lhe faltasse, a Deus nada seria impossível, inclusive aumentar o número de suas mulheres. Segundo os sábios judeus, o número de mulheres permitido a um rei ter, pela lei da Torá, era 18, mas não podiam ser parentes nem mulheres casadas com outro homem.

O profeta interpela o rei no v. 9: "Por que desprezaste o Senhor e fizeste o que lhe desagrada?", profanando o seu santo nome, e denuncia assim o seu pecado: "Tu feriste a espada Urias, o heteu; sua mulher, tomaste-a por tua mulher, e a ele mataste pela espada dos amonitas". Davi havia violado o sexto e sétimo mandamento, por isso, deveria ter sido executado, mas foi poupado pelo Senhor Deus, que tinha o direito de assim proceder, mas o perdoou.

O profeta, porém, repete a denúncia nos vv.10-11: "Agora a espada não mais se apartará da tua casa. Porquanto me desprezaste e tomaste a mulher de Urias, o heteu, para que ela se tornasse tua mulher. Assim diz o Senhor: 'Na tua própria casa farei surgir a desgraça contra ti. Tomarei as tuas mulheres, debaixo dos teus olhos, e as dareis ao teu próximo, que se deitará com as tuas mulheres à luz deste sol'". A retribuição dada pelos atos de Davi são igualmente fortes e trazem consequências não só para a vida pessoal do rei, mas também do reino.

## *"Pequei contra o Senhor"*

A resposta de Davi a Natã é muito breve: "Pequei contra o Senhor" (v. 13-14). Ele reconhece imediatamente o seu pecado, faz a sua confissão e não procura justificar o seu ato. A rigor, a ofensa teria sido contra Urias, que foi o lesado, pois cometeu adultério com a esposa dele. No entanto, Deus toma essa ofensa como pessoal: "Desprezaste o Senhor", e aí está a gravidade, porque transgrediu a sua Lei e se apropriou da vida de Urias, quando a vida só a Deus pertence. Daí nasce um novo sistema de relações: "Davi na parábola é o rico malvado; com relação a Deus, tinha sido a ovelha escolhida e tratada com carinho especial 'como uma filha'. Ao abandonar esse papel, toma o lugar do rico, e ofende seu Senhor, o qual se transforma em vingador do pobre e da sua ovelhinha. A abertura transcendente do homem para Deus e o interesse pessoal de Deus conferem grandeza e gravidade à caridade e à justiça humanas".[68]

Davi reconhece plenamente a sua culpa diante do profeta que é porta-voz de Deus. Deve ter sentido profunda

---

[68] ALONSO SCHÖKEL, Luís. Tradução e comentários da *Bíblia do Peregrino*. 2 Samuel 12,7-12. São Paulo: Paulus, 2002. p. 573.

humilhação pela sua função de rei, que devia defender e preservar o direito dos cidadãos, e lesou-os. Sem desculpas nem justificativas, confessou o seu pecado. Em seguida, recebeu a surpreendente resposta de Natã: "Por sua parte o Senhor perdoa a tua falta: não morrerás" (2Sm 12,13). Esse sem dúvidas foi o momento decisivo na vida de Davi, quando ele se submeteu a Deus, reconhecendo sua grave ofensa. Por esse fato, recebeu o perdão. O salmo 32, que é atribuído a Davi, manifesta toda a alegria pelo perdão, o retorno à comunhão; em vez da morte, ele tem nova vida pela graça de Deus, mesmo assumindo as consequências do seu ato.

Podemos dizer que Davi foi iluminado pela Palavra de Deus, proferida pela mediação do profeta Natã, pois ele descobre-se como é diante de Deus, sem véu, confessa o seu pecado contra o Senhor, sem nada acrescentar. Deus perdoa o seu pecado anulando a sua sentença de morte. E por que Deus o perdoou? Pelo seu arrependimento? Por que não teria perdoado a Saul? Porque este não reconheceu o seu pecado, não se abriu ao perdão. O certo é que Deus não quer a morte do pecador, mas que ele se converta e seja salvo. Em termos forenses podemos dizer que a pena de Davi é comutada para a morte do filho, que é fruto do seu adultério. Na compreensão do autor bíblico, o pai é castigado no filho ao perdê-lo, mas não o filho.

Davi retornou à comunhão com o Senhor. Tinha plena consciência da sua bondade amorosa em lhe conceder o perdão e restabelecê-lo, apesar do seu passado de culpa, como aquele que devia zelar pela observância da Lei do Senhor e fidelidade à sua aliança. Isso lhe proporcionou novamente a busca do Senhor pela oração; de fato, alguns salmos são atribuídos a Davi, como o salmo 51. Nesse caminho Davi é plenamente figura do Messias, mas de um Messias que levará a cumprimento essa realeza messiânica, dessa vez não de forma ambígua. Será o Senhor Jesus o rei definitivo que não se colocará a salvo, antes, morrerá para salvar os outros, realizando assim a sua realeza no dom da sua vida sobre a cruz.

## 5. Jeremias

Nas experiências espirituais de todos os grandes personagens da Bíblia, percebemos que Deus é o centro, o movente de toda a ação transformadora na vida do próprio personagem, nas suas relações sociais, relações com o mundo. Traz um novo olhar sobre a história pessoal, social e do universo. Na história do povo de Israel, é o rei quem devia garantir a observância da lei e o profeta devia interpretá-la e traduzi-la para o rei e para o povo. Ele tem autoridade para levar a Palavra, a tal ponto que ela se torna critério para salvar ou condenar a quem ela se dirige.

### Jeremias de Anatot

Dentre os profetas, escolhemos o profeta Jeremias por ter sido chamado muito jovem e pela dificuldade que teve em aceitar a sua vocação, e que retrata a experiência de muitos chamados. Você deve estar se perguntando: quem é Jeremias? Na Bíblia encontramos o seu livro. No início dele encontram-se alguns dados pessoais e informações históricas sobre sua época. Diz o texto que ele é "filho de Helcias, um dos sacerdotes que residiam em Anatot, no território de Benjamim. Foi-lhe dirigida a Palavra do Senhor nos dias de Josias, filho de Amon, rei de Judá, no décimo terceiro ano do seu reinado; além disso, nos dias de Joaquim, filho de Josias, rei de Judá, até o fim do décimo primeiro ano de Sedecias, filho de Josias, rei de Judá, até a deportação de Jerusalém, no quinto mês" (Jr 1,1-3). Estas informações são muito importantes para mostrar que ele pertencia a uma família sacerdotal: era da tribo de Benjamim, natural de Anatot, situada a 6 km a nordeste de

Jerusalém. Teve longa atividade profética, por volta de 630 a 587 a.E.C., durante o governo de diversos reis.

Na leitura do livro de Jeremias, pelas entrelinhas é possível obter muitas informações sobre a vida atribulada do profeta, sua atuação, incompreensões que teve de enfrentar, mas permaneceu fiel ao Senhor. Sobre o seu fim, não sabemos ao certo como foi nem onde foi. Supõe-se que tenha ido para o Egito com os que fugiram para lá, após a morte de Godolias, governador da Judeia, depois da queda de Jerusalém.

## Jeremias Profeta

Cremos ser importante situarmos o livro do profeta Jeremias na Bíblia Hebraica. Sabemos que a Bíblia Hebraica não segue a divisão do Primeiro Testamento da Bíblia, normalmente usada pelos cristãos católicos. Ela traz quatro grandes divisões, com os livros: Pentateuco, Históricos, Sapienciais e Proféticos, enquanto a Bíblia Hebraica traz três divisões: Pentateuco, conhecido como Torá, Neviim, os livros proféticos e os Ketuvim, conhecidos como os escritos, correspondem aos demais escritos. Quanto aos livros proféticos do Primeiro Testamento, eles são ainda subdivididos em profetas anteriores, como os livros de Josué, Juízes, 1º e 2º Samuel, 1º e 2º Reis. Neles vamos encontrar personagens importantes que levaram o nome de profetas, mas não são considerados profetas no sentido clássico da palavra, embora existam neles também profetas como Elias, Gad, Hulda, Natã e outros, os quais não têm um livro na Bíblia com os seus nomes. Neles predomina a narrativa e são considerados profetas da corte, porque atuaram também junto aos reis. Os livros dos Profetas Posteriores são 15 no total.[69] O nome dos livros corresponde aos respectivos

---

[69] O livro de Daniel na Bíblia Hebraica não é considerado livro profético, por isso, são 15, e ele encontra-se entre os Escritos.

profetas. Estes são considerados profetas clássicos e escritores. O livro de Jeremias situa-se entre os livros proféticos e neles há o predomínio da palavra e do discurso para o povo.

A palavra hebraica *Nabi*[70] tem provavelmente origem na palavra acádica, que significa "chamar", ou seja, o profeta é antes de tudo um chamado por Deus, e enviado a chamar outros para escutarem a Palavra do Senhor e viverem de acordo com ela. Ele é enviado como um "mensageiro", um "embaixador", em nome de outro para pronunciar não a sua palavra ou interpretação dela, mas daquele que o enviou. Por isso, nas Escrituras lemos constantemente: "Assim diz o Senhor...". O profeta é um simples repetidor da Palavra de Deus; ele antes a interiorizou, meditou, assimilou e depois a proclamou. Ele se faz o portador dela aos outros, ao seu povo, não só das ideias, mas também da vontade e dos interesses de seu Senhor. Ele escuta a Palavra, assimila-a e a traduz para os seus ouvintes. Não faz uma leitura alienada e superficial da história na qual viveu, antes, ele aprendeu na escola de Deus a lançar um olhar por detrás dos discursos, dos acontecimentos e da história do seu povo. Ele analisa, reflete à luz de Deus essa realidade e lança um novo olhar sobre a realidade à sua luz.

O profeta Jeremias é um profeta clássico, que retrata em profundidade a sua experiência de Deus, na crueza da sua missão de ter de falar o que o povo não gosta de ouvir. Desde os inícios, o profeta encontrou dificuldade para aceitar a vocação profética. Isto não deve ter sido por acaso, mas, pelo fato de ter conhecido ou ouvido falar de outros profetas que o precederam, ele teve medo, relutou, esperneou, mas não conseguiu resistir por muito tempo e tornou-se o aprendiz de Deus na leitura da história do seu povo, também por meio de visões.

---

[70] Na Língua hebraica a palavra "Nabi", escrita com b, se lê "Navi", com v.

As visões de que fala o texto não são no sentido de prever ou predizer o futuro. Não, mas no sentido de observar a realidade que o cerca e analisá-la à luz da vontade de Deus, que vai muito além das aparências, pois é o perscrutar nos meandros da história humana a sua ação salvífica, sem medo de proclamá-la na máxima verdade. Essa palavra revela o significado daquilo que o profeta vê. Ele tem toda a autoridade para fazê-lo, porque o profeta aprende a ver a realidade com os olhos de Deus.

## Jeremias, o aprendiz de Deus

O texto da vocação e missão de Jeremias é muito revelador: traz uma síntese de tudo que o profeta vivenciou e anunciou ao povo ao longo de sua vida. Ele é construído de tal modo que contém já no primeiro capítulo, no diálogo de Deus com o profeta, os temas que reaparecem ao longo do seu livro (Jr 1,5-10). Nas duas visões iniciais já apresenta a realidade que o seu povo vive (Jr 1,11-16) e, na parte final do capítulo, Deus ensina a Jeremias como ele deve proceder na sua missão profética e o confirma. Na verdade não há missão sem visão, nem visão sem missão. Para situar-nos melhor, vamos ler o texto que será trabalhado em seguida:

A palavra do Senhor me foi dirigida nos seguintes termos: "Antes mesmo de te modelar no ventre materno, eu te conheci; antes que saísses do seio, eu te consagrei. Eu te constituí profeta para as nações". Mas eu disse: "Ah! Senhor Deus, eis que eu não sei falar, porque sou ainda criança!" Mas o Senhor me disse: "Não digas 'Eu sou ainda criança!' Porque a quem eu te enviar, irás, e o que eu te ordenar, falarás. Não temas diante deles, porque eu estou contigo para te salvar, oráculo do Senhor". Então, o Senhor estendeu a sua mão e tocou-me a boca. E o Senhor me disse: "Eis que ponho as minhas palavras em tua boca. Vê! Eu te constituo, hoje, sobre as nações e sobre os reinos, para arrancar e para destruir, para exterminar e para demolir, para construir e para plantar". Foi-me dirigida a palavra do Senhor nos seguintes termos: "O que estás vendo, Jeremias?" Eu respondi: "Vejo um ramo de amendoeira". Então, o Senhor me disse: "Viste bem, porque eu estou vigiando sobre minha palavra para realizá-la". E a palavra do Senhor foi-me dirigida, uma segunda vez, nestes termos: "O que estás vendo?" Respondi: "Vejo uma panela fervendo, cuja boca está voltada a partir do Norte". O Senhor me disse: "Do Norte derramar-se-á a desgraça sobre todos os habitantes da terra. Porque eis que convocarei todas as tribos dos reinos do Norte, oráculo do Senhor. Eles virão e cada um deles colocará o seu trono à entrada das portas de Jerusalém, em redor de suas muralhas e contra todas as cidades de Judá. Pronunciarei contra eles os meus juramentos, por toda a sua maldade: porque eles me abandonaram, queimaram incenso a deuses estrangeiros e prostraram-se diante da obra de suas mãos. Mas tu cingirás os teus rins, levantar-te-ás e lhes dirás tudo o que eu te ordenar. Não tenhas medo deles. Quanto a mim, eis que te coloco, hoje, como uma cidade fortificada, como uma coluna de ferro, como uma muralha de bronze, diante de tua terra: os reis de Judá, os seus príncipes, os seus sacerdotes e todo o povo da terra. Eles lutarão contra ti, mas, nada poderão contra ti, porque eu estou contigo, oráculo do Senhor, para te libertar" (Jr 1,4-19).

O livro de Jeremias, no texto hebraico, começa com *Dibrê Yeremiah*, palavras de Jeremias. *Dibrê* é o plural da palavra *dabar*, que não apenas tem o significado de palavra, mas quer dizer também: "fala de, discurso de, caso ou acontecimento de, coisa de, questão de" Jeremias. E como está no plural, são muitas palavras, muitos discursos, acontecimentos, coisas e questões que Jeremias coloca ao povo para refletir e tomar uma atitude. Pois a profecia é fundamentalmente "palavra" que se revela dentro da história pessoal e social, dentro dos acontecimentos. Portanto, é palavra encarnada numa realidade humana limitada, contingente, que é o profeta, para anunciar a palavra eterna de Deus, absoluta, imutável. Palavra que se encarna na vida, no corpo, na casa, na fala e nas condições reais do profeta. Ela ressoa num tempo preciso, que é o tempo da sua atuação como profeta e num espaço geográfico limitado, o seu país; se assim não fosse, ela não poderia jamais ser ouvida pelo ser humano, pois ela precisa ser proclamada por um ser humano que tem inteligência, mente, ouvidos, garganta, cordas vocais, voz para ser ouvida por outro ser humano, como não é indiferente que a voz do profeta ressoe num tempo ou noutro tempo, num país ou noutro país, como não é indiferente que a encarnação definitiva da PALAVRA tenha se dado num homem hebreu do que em outro. O lugar e o tempo até podem ser relativos, mas a Palavra de Deus é absoluta, pode ser pronunciada nessa relatividade.

A referência da fala do profeta sempre será a partir da sua cultura e ambiente, embora seja para anunciar a palavra eterna de Deus que se revela na relatividade, conforme a realidade de cada profeta. E isso ao mesmo tempo é essencial para entender o absoluto. Em outras palavras, é a palavra humana, por isso, relativa do profeta, limitada ao tempo e ao espaço como ele próprio, para anunciar uma mensagem absoluta, universal e eterna de Deus. A encarnação da palavra significa que ela assumiu a forma humana, "entrou na carne" e tornou-se gente na pessoa do profeta. A escrita deu continuidade à sobrevivência da sua palavra, mesmo após a sua morte. Ainda que a escrita possa ser interpretada de forma arbitrária, ou tendo que ser reescrita como no caso de Jeremias, porque o rei, ao ouvi-la, a queimou. A palavra escrita é entregue à humanidade, mas ela precisa ser encarnada pelos seus leitores para que se torne, de fato, palavra viva de Deus, e não letra morta porque ninguém a lê e muito menos a traduz em gestos e vida. Só aquele e aquela que escutam a Palavra de Deus podem decifrar a vontade de Deus, deixando-se ensinar pelo profeta no modo justo de entender a realidade. E, com certeza, encontrará pontos de referência diversos dos seus, e sim os de acordo com o mundo de Deus.

## *"Eu te conheci, Jeremias"*

Jeremias percebe a revelação de Deus a ele mesmo, antes de "ser modelado no seio materno", ou seja, de ser concebido; ele é conhecido por Deus, foi por ele consagrado e escolhido para ser profeta às nações (v. 5). A sua profecia tem sua origem aqui, em Deus, no seu sentido pleno, pois, ainda antes de ser concebido, ou seja, quando ainda estava na mente de Deus, recebeu a vocação profética. Que experiência profunda! Ele não podia dizer não a Deus, caso contrário, trairia a sua essência, a identidade mais profunda. Seria infelicidade dele. Jeremias disse sim a Deus! O sim dele fortalece e encoraja todo sim.

O verbo "modelar" tem vários significados, mas indica fundamentalmente plasmar, como no livro do Gênesis,[71] quando Deus plasmou o ser humano e os animais. É esse fazer de Deus que dá forma, modelo à realidade humana e animal desde o ventre materno, o lugar da origem da vida. A vida não vem do ventre, mas de Deus, a fonte da vida. No momento em que essa vida é dada, ela não nos pertence, por isso, ela é uma vida a ser doada, porque foi concebida pela ação de Deus.

Isso nos faz pensar que não somos os gestores da vida, mas apenas colaboramos com o autor dessa vida, Deus, e na medida em que essa vida está em relação com Deus e com o

---

[71]  Gn 2,19.22.

outro. Pois não existe ser humano se não existir a mãe e o pai. Deus age por meio deles. Somos, por isso, seres fundamentalmente históricos, em relação com os que nos precederam e os que seguirão depois de nós. Nós carregamos os sinais da história, da genética de nossos antepassados em nosso corpo, e isso será verdadeiro também para os que virão. A vida não se limita ao sair do ventre materno e entrar no ventre da terra, mas é muito mais, torna-se promessa de eternidade, de ressurreição.

Essa verdade se radicaliza em Jeremias, quando o texto fala que ele era conhecido por Deus desde antes de ser concebido. Já havia uma relação profunda entre Deus e Jeremias, mesmo antes do tempo e existirá para além do tempo. A expressão "Antes mesmo de te modelar" é uma forma de afirmar a eternidade de Deus. O profeta é conhecido e amado por Deus antes que a sua vida tivesse origem e, por isso, é na eternidade que a vida deve continuar. Se há um início no tempo que é a vida no seio materno, quer dizer que haverá um fim no tempo, que é o dia da morte. Se Deus conhecia o profeta antes do início no tempo, esse início foi cancelado, e também o fim será cancelado. A morte é superada por essa promessa de vida: "Quem crê em mim, ainda que morra, viverá" (Jo 11,25).

O verbo "conhecer" no sentido bíblico tem um significado sapiencial; não indica apenas uma ação intelectiva, mas experiencial e afetiva. Quando se trata de conhecer uma pessoa, toma um sentido de: cuidar de, tomar conta de, estar em relação com, amar a, enfim, trata-se de uma relação de aliança. É uma relação interpessoal na sua dimensão positiva em sentido pleno. Algumas referências podem iluminar melhor a nossa compreensão. Já na experiência da escravidão do Egito, o termo conhecer refere-se ao novo faraó, que chegou ao poder e não conhecia José (Ex 1,8), ou seja, não tinha relações amistosas com os seus descendentes e os oprimiu. Mas Deus veio em socorro do seu povo, e o texto diz: "Deus viu os israelitas, e Deus se fez conhecer...", pois Deus já havia feito uma aliança com os seus antepassados, Abraão, Isaac e Jacó; tinha uma relação interpessoal entre Deus e o seu povo.

Deus conhece a situação do seu povo e intervém como juiz para salvá-lo pela mediação de Moisés. Assim Jeremias é conhecido pelo Senhor antes mesmo que fosse concebido, continua presente em sua missão, por isso: "Não temas diante deles, porque eu estou contigo para te salvar" (v. 8). Esse conhecimento[72] implica também uma relação de intimidade, familiaridade na convivência, como o pastor que conhece suas ovelhas, o pai ou a mãe que conhece os seus filhos.

## *"Eu te consagrei, Jeremias"*

O verbo consagrar tem um sentido de colocar à parte, separar, reservar para uma finalidade particular e sagrada. É uma separação em vista de um serviço para Deus, de uma pertença a Deus. Jeremias foi consagrado e destinado a uma pertença particular de Deus, que se expressa pelo serviço a Deus e à sua Palavra. O mesmo termo é usado em relação à consagração dos primogênitos, como pertença a Deus (Nm 8,17); estes, porém, cederam o seu lugar para os levitas, que foram consagrados para o serviço do Senhor (Nm 8,18). São como uma oferta ao Senhor. Além do sentido de pertença, serviço a Deus, os levitas são sinais e testemunhas de salvação privilegiada de Deus, que faz viver aqueles que deviam ser oferecidos em sacrifício a Deus. Como os levitas, Jeremias tornou-se o portador de uma mensagem de salvação, enquanto outros pereceram. Como os primogênitos, Jeremias é salvo e portador de um anúncio de vida que passa por meio da morte.

---

[72] Cf. outros textos, como Sl 8,5; 144,3.

## "Eu te constituí profeta das nações"

O conhecimento de Deus que antecede à concepção de Jeremias no seio materno, a consagração antes mesmo que ele nascesse, era para constituí-lo como profeta das nações. Tudo isso lhe confere autoridade, pois a iniciativa é de Deus e não de Jeremias. Ele foi escolhido, chamado, consagrado para ser o homem da Palavra. Da sua palavra? Não. Da Palavra de Deus para o seu povo de modo particular, mas também para as nações. Ele aceitou a mediação da encarnação da Palavra na sua vida, para testemunhá-la e anunciá-la ao povo. Todos os cristãos em força do Batismo são chamados a assumir a missão profética pelo testemunho e anúncio da Palavra. Como ser profeta ou profetisa sem conhecer a Palavra? E se a conhece, não encarná-la na própria vida? Que tipo de profetas e profetisas somos nós?

Jeremias tem dificuldade de acreditar que ele tenha autoridade para anunciar a Palavra, pelo fato de ser jovem. Mas essa percepção, mais do que uma dificuldade real, é um dado cultural na tradição do povo semita, em que a autoridade estava associada à idade madura. Por ele ainda ser jovem, não poderia ser portador de uma palavra autorizada. Tem pouca experiência, deve ainda conquistar a sabedoria que vem pela experiência dos anos. É certo que a idade pode ajudar, mas isso se o considerarmos sob o plano humano; porém, se olharmos sob o plano divino, esta se move em outro nível. Ainda que Jeremias tivesse todas as prerrogativas humanas, ele nunca se sentiria e não estaria, de fato, à altura da missão que Deus lhe confiou. Por isso, se Jeremias tivesse se sentido capaz de realizar essa missão, ele bastaria a si mesmo, não perceberia a desproporção que há entre a capacidade humana e a missão que lhe é confiada, e muito menos que ela é de Deus e não dele.

Se Jeremias tivesse se sentido capaz de realizar a missão, seria ele a levar adiante a missão; então, ela deixaria de ser um dom, um chamado, uma escolha, um envio. Ao contrário, Jeremias sente-se incapaz, inadequado, por ser jovem; só quando ele se abre ao dom de Deus, torna-se capaz de realizar a missão. Quando o dom se torna propriedade, deixa de ser dom, não serve mais para a missão. Por isso, todo chamado deve, como Jeremias, reconhecer-se: "Eu ainda sou criança", ou seja, eu sou incapaz, não estou à altura da missão, mas abrir-se ao dom, ao "não temas... porque eu estou contigo...", na consciência de que a missão é dele, e ele providenciará para "colocar na minha boca as suas palavras" (v. 9).

Todas as grandes figuras da história da salvação, diante do chamado de Deus para uma missão, viveram situações de medo, inadequação e contradições: Abraão seria o pai de uma grande multidão e a esposa era estéril; Jacó deveria ser o patriarca das doze tribos, e havia roubado a primogenitura e a bênção do irmão; Moisés deveria falar em nome de Deus e era gago; Débora desafia os inimigos de Israel e era considerada uma mulher frágil; Davi devia ser ungido rei, mas era o menor, o último; Isaías devia ser profeta e sente-se homem de lábios impuros; Judite, mulher bonita, conquistou o coração do general, mas era viúva, numa situação máxima de fragilidade; Maria é convidada para ser a mãe de Deus, mas não conhecia homem algum; Paulo, escolhido por Deus desde o seio materno, era perseguidor dos cristãos... E a história poderia continuar até os nossos dias. Deus se serve dos que não são para confundir os que são, como diz o próprio Apóstolo Paulo: "... o que é loucura no mundo, Deus o escolheu para confundir os sábios; e o que é fraqueza no mundo, Deus o escolheu para confundir o forte; e o que no mundo é vil e desprezado, o que não é, Deus escolheu para reduzir a nada o que é, a fim de que nenhuma criatura possa gloriar-se diante de Deus" (1Cor 1,26-31).

O medo, na verdade, é a experiência psicológica do desconhecido e, em última análise, de morrer. Medo de perder em todos os sentidos a integridade física, psicológica, moral, afetiva, até de perder-se radicalmente com a morte. O medo não é um mal; antes, ele revela ao ser humano, no fundo, um amor à vida, pois este se reconhece mortal, sabe que vai morrer, mas sente que foi criado para a vida, caso contrário, não teria medo da morte. Em outros termos, sentir medo é fazer a experiência de ter necessidade de salvação, de ter necessidade de Deus.

Jeremias, ao ser enviado a anunciar a Palavra eterna de Deus, sente medo e tem consciência de ser mortal, finito, sujeito à morte. Ele descobre ser profeta desde sempre e resiste em aceitar essa vocação. Ele sabe que a Palavra de Deus não pode ser destruída, mas ele, como instrumento humano, sim. Sente medo de não ser aceito ao anunciar essa Palavra, sofrer perseguição por causa dela, ser ameaçado de morte. O profeta teme porque carrega uma Palavra que é portadora de vida, da presença de Deus, de transformação, mas será rejeitada. Por isso, é preciso que Deus toque a boca do profeta e coloque nela as suas palavras. Sair do medo e do silêncio só é possível pela intervenção de Deus, que lhe permite dizer aquilo que Deus lhe ordena. As pessoas instintivamente podem ter reações diferentes diante de situações imprevistas, extremas, nas quais elas se sentem ameaçadas: grita ou emudece; foge ou paralisa; perde a respiração ou torna-se ofegante; empalidece ou enrubesce. São reações que fazem parte da condição humana. O medo é sempre impulsionado pela tensão de viver, de salvar-se.

Só pela intervenção de Deus, Jeremias vence o medo, enfrenta as situações difíceis, torna-se capaz de falar: "Vê! Eu te constituo, hoje, sobre as nações e sobre os reinos, para arrancar e para destruir, para exterminar e para demolir, para construir e para plantar" (Jr 1,10). Há quatro verbos negativos e dois verbos positivos. Antes é necessário erradicar o mal, anunciar a conversão, endireitar os caminhos para depois construir e plantar; isso tanto na cidade quanto no campo, ou seja, em todos os reinos e nações. Essa missão do profeta é sem fronteiras. Os destinatários não têm consciência de que a erradicação do mal já é um ato de edificação do bem. Por isso, o profeta é percebido pelos seus ouvintes como uma ameaça: se ele veio para exterminar, demolir, arrancar e destruir, então, vamos destruí-lo. A leitura dos ouvintes é equivocada, pois o maior número de verbos negativos indica o engano em que as pessoas vivem. A destruição de Jerusalém tem, de fato, uma conotação escatológica; é o momento no qual terminam as instituições, termina o reino, termina a dinastia davídica, a instituição do sacerdócio. Jeremias, em meio a esse contexto de mortes institucionais e de muitos conterrâneos, continuou acreditando na Palavra de Deus, permanecendo fiel a ela, e sobrevive mesmo passando pela morte. Ele foi capaz de atravessar a morte, confiando-se ao Deus da vida.

Quem acolhe a palavra do profeta, como ele, reconhece só em Deus sua origem, torna-se cidade indestrutível, vida ressuscitada. Desse modo Jeremias torna-se cidade fortificada, coluna de ferro e uma muralha de bronze diante de toda a terra, como veremos mais adiante.

### *"O que estás vendo, Jeremias?"*
### *"Um ramo de amendoeira"*

Há um diálogo entre Deus e o profeta. Deus lhe pergunta o que ele está vendo, e o profeta lhe responde que vê um ramo de amendoeira. E Deus aprova a sua visão e lhe diz que está vigiando sobre a sua palavra para realizá-la. O que essa visão quer significar? Há um jogo de palavras entre *saqed*, que significa: "aquele que acorda", e *soqed*: "aquele que vigia". Há uma associação interessante entre o significado da amendoeira e do vigia. O significado da amendoeira é a de uma "árvore acordada" por ser a primeira a florir e produzir frutos na terra de Israel, no final do mês de janeiro, muito antes de outras árvores florirem e darem frutos. O que Deus queria falar com essa imagem para Jeremias? Que Deus cuidaria para ver florescer todas as suas palavras em Jeremias, e vê-lo assumir a sua missão. Deus verificaria se a vara da amendoeira floresceria e produziria fruto.

Outra maneira de dizer que o poder soberano de Deus se cumpriria em Jeremias pela sua presença vigilante: "A amendoeira era o vigia, a árvore que se apressava em despertar antes de todas as outras árvores, de seu sono de inverno. Isso expressava a pressa divina, que não permitiria adiamentos no cumprimento da graciosa promessa de Deus, mas, antes, por assim dizer, faria a árvore rebentar em folhas, florescer e produzir frutos".[73] Essa visão de Jeremias sem dúvida dá-nos a entender que Deus estava desperto e vigiando a sua Palavra, para que ela se cumprisse pela boca do profeta. Outros autores interpretam que a vara da amendoeira é símbolo do julgamento divino,[74] iminente contra Judá, concretizado pelo cativeiro na Babilônia. A vigilância de Deus sobre a sua Palavra torna-se bênção ou maldição para aqueles que não a escutam. Isso depende da aceitação ou não da Palavra profética. O ramo florido torna-se um apelo para reconhecer a vocação à santidade como dom, e se realiza à medida que Israel se abre à Palavra de Deus, não pretendendo construir por si mesmo a própria salvação.

## "O que estás vendo, Jeremias?" "Uma panela fervendo"

Jeremias teve uma segunda visão. Nela Deus lhe pergunta novamente: "O que vês?". Ele responde: "Uma panela

---

[73] CHAMPLIN, R. N. *O Antigo Testamento interpretado versículo por versículo.* São Paulo: Hagos, 2001. p. 2.986.

[74] Cf. Nm 17,11; Ez 7,10; Zc 11,7.10.14.

fervendo", e sua boca está voltada para o Norte. E Deus o confirma dizendo que de lá se derramará a desgraça sobre todos os habitantes da terra, e que ele reunirá as tribos do norte na entrada de Jerusalém, e ao redor de seus muros, e contra Judá pronunciará o seu julgamento pela sua infidelidade ao Senhor. A ameaça que vem do Norte é a invasão da Babilônia que está prestes a descer ao Sul e destruir Judá. A Babilônia aparece em diversos momentos no livro de Jeremias,[75] de onde virá a destruição, o saque, a deportação. As causas que teriam provocado essa destruição, o abandono do Senhor, seriam a queima de incenso a deuses estrangeiros e por prostrarem-se diante da obra de suas mãos. Mas a infidelidade do povo, que sofreu como consequência a destruição, a deportação, o exílio na Babilônia, não é a palavra final de Deus, anunciada pelo profeta Jeremias. Ele o reanima dizendo que se ponha em pé, cinja os seus rins e anuncie "o que eu te ordenar".

## Deus encoraja Jeremias

A missão de Jeremias descrita em Jr 1,4-10 é retomada em Jr 1,17-19. O profeta deve estar disposto, em pé, cingir os seus rins, dizer tudo o que o Senhor lhe ordenou e não ter medo, para que o Senhor não o faça ter medo. O Senhor o colocou como cidade fortificada, coluna de ferro e uma muralha de bronze diante de toda a terra. "Reis, príncipes, sacerdotes e todo o povo da terra lutarão contra ti, mas o Senhor está contigo para te libertar."

O levantar-se está em conexão com o cingir os rins, no sentido de estar pronto para seguir as ordens e estimular a coragem. O estar de pé carrega um sentido metafórico para falar do "resistente", daquele que não se deixa abater por nada, não se rende às dificuldades. Para poder falar é preciso estar de

---

[75] Cf. Jr 4,6; 6,1; 10,22; 13,20; 25,9.

pé, tomar uma decisão, criar força interior para enfrentar também o medo dos riscos, da morte. O estar em pé ereto indica também liberdade interior, segurança, consistência, autonomia de quem não tem medo. A frase: "Não tenha medo deles para que eu não faça ter medo deles" soa estranha, mas é para dizer que Jeremias não deve deixar-se levar pelo sentimento de: terror, fragilidade e impotência. Antes, deve continuar em pé, acreditar que ele não está sozinho, ter confiança "porque eu estou contigo, oráculo do Senhor, para te libertar" (v. 19). Deus mesmo é o seu escudo e salvação; como afirma o Apóstolo Paulo, "a quem temerei?". O profeta mesmo se tornará uma cidade fortificada, uma coluna de ferro, uma muralha de bronze, porque ele enraíza a sua força na Palavra de Deus; por isso, não pode ser destruído.

Israel deixou de ser povo eleito, o povo santo de Deus. É um povo como os demais. Não é mais o lugar de juízo e salvação para os demais povos. Antes, são os outros, os povos pagãos, que vêm realizar o juízo de Deus sobre ele, como aparece nas palavras de Jeremias a Sedecias, rei de Judá: "Assim disse o Senhor, Deus dos Exércitos. Se, realmente, te entregares aos oficiais do rei da Babilônia, salvarás a tua vida e esta cidade não será incendiada; tu e tua família sobrevivereis" (Jr 38,17). Com estas palavras Jeremias exortava os seus a reconhecerem o juízo de Deus. Por meio dos babilônios, Deus quer manifestar a Israel o seus pecados, de modo que, tomando consciência do próprio pecado, se deixe converter e salvar. Basta que Israel reconheça-se culpado, para que Deus possa salvá-lo. Os babilônios os destruirão, vão tornar-se instrumentos de Deus, e se Israel aceitar essa morte abre-se a única possibilidade de entrar na vida. Se Israel aceitar o anúncio do profeta, tornar-se-á a cidade invencível; e poderá tornar-se invencível também ele; ao reconhecer o juízo de Deus, ele será salvo.

Todo aquele que acolhe a Palavra é como o profeta que reconhece a sua origem em Deus e se torna cidade indestrutível e realização das promessas de Deus; mesmo passando pela morte, ele pode entrar na vida que não morre mais, porque é uma vida de ressuscitado. Desse modo, torna-se evidente que a vida de Jeremias é figura do Senhor Jesus pela encarnação e o anúncio da Palavra do Pai, como profeta. Entre as três figuras que representam o poder de Deus junto ao povo (v. 19), na experiência de Israel, está o profeta, o rei e o sacerdote: o *profeta* como mediador da Palavra, o *rei* como mediador da observância da lei e o *sacerdote* como o mediador do culto. Jesus realiza em si essas três dimensões de forma plena e definitiva: como *profeta*, é a Palavra encarnada e mediadora entre o Pai e a humanidade; como *sacerdote*, oferece ao Pai o templo do seu corpo, sobre o altar da cruz pela salvação da humanidade; como *rei* supremo, ele realiza plenamente o seu serviço à humanidade: "Como eu vos fiz, também vós o façais" (Jo 13,15). O Senhor Jesus é Verbo eterno de Deus, que se encarnou, passou entre nós fazendo o bem a todos, abrindo para todos o caminho da Vida Eterna.

Pelo Batismo, todo cristão recebeu a tríplice missão: sacerdotal, profética e régia. *Sacerdotal*, enquanto oferece a Deus uma vida santa, iluminada pela Palavra de Deus: lida, meditada, contemplada, rezada e vivida. Aquele(a) que assim procede é alguém que "lançou o alicerce sobre a rocha" (Lc 6,48). *Régia* pelo serviço incondicional ao Reino no espírito do lava-pés: "Se, portanto, eu, o Mestre e o Senhor, vos lavei os pés, também deveis lavar-vos os pés uns aos outros" (cf. Jo 13,14). E *profética* pelo anúncio da Palavra, a denúncia com amor e a celebração das "maravilhas que o Senhor realiza" no meio da comunidade, segundo o espírito do *Magnificat* (Lc 1,46-56).

Jeremias anunciou a destruição e tornou-se cidade invencível; Jesus chora sobre Jerusalém, anuncia a sua destruição e torna-se a Jerusalém invencível, de modo definitivo dessa vez, porque ele é o "Templo", símbolo da cidade, que será destruído e reedificado em três dias. Jesus é também portador de um anúncio de morte, feito entre lágrimas, e é exatamente nessa morte que ele revela e realiza a vida. É o templo no qual não permanecerá pedra sobre pedra. Mas o novo Templo, o corpo de Cristo, ressurgirá e não poderá mais ser destruído. O corpo morto e ressurgido de Jesus é como o corpo transformado de Jeremias em muro de bronze, que se torna promessa de ressurreição para todos.

## 6. Salmo 51

O livro dos Salmos é formado por 150 orações, chamados de salmos, com os temas mais variados porque expressam a realidade humana, retratada em múltiplas situações e contextos históricos diferentes. Aliás, é até difícil contextualizá-los, pelo fato de retratarem a realidade humana que é a mesma em todos os tempos e lugares na sua essência. Às vezes o nome de lugares, pessoas, situações específicas podem possibilitar a identificação de sua época, como, por exemplo, o salmo 137. Ele fala da saudade de Sião, terra dos exilados judeus na Babilônia. Na Bíblia Hebraica, o livro dos Salmos situa-se no terceiro bloco, entre os Escritos (*Ketubim*).

Na escolha dos personagens, houve também o cuidado da escolha de textos significativos dos três blocos da Bíblia Hebraica. Da Torá escolhemos os personagens: Abraão, Jacó e Moisés. No bloco dos livros proféticos posteriores, o profeta Jeremias, e no bloco dos Escritos, o salmo 51. E por que um salmo? E o salmo 51? Por que os salmos são a expressão mais alta de espiritualidade que a comunidade israelita cultivava na sua relação com Deus nas diferentes situações da vida pessoal e como povo. Eles eram rezados, cantados, ao longo das liturgias e peregrinações ao templo. O salmo 51 é atribuído ao rei Davi segundo os versículos iniciais: "Do mestre de canto.

Salmo. De Davi. Quando o profeta Natã foi encontrá-lo após ele ter estado com Betsabeia" (Sl 51,1-2). É um salmo penitencial, ao lado de outros seis salmos penitenciais,[76] que lamentam o pecado cometido e buscam o perdão e a renovação espiritual. Os estudiosos dos salmos afirmam que, na mente de quem compôs esse salmo, deveria estar a história do rei Davi e de seu pecado com Betsabeia, cuja narrativa se encontra em 2 Samuel.[77] Mas este não estaria no centro do salmo, e sim o amor fiel de Deus.

## Salmo de Penitência

O salmo 51 não traz, como normalmente o fazem os demais salmos de lamentação, as diversas categorias de inimigos de Israel: soldados invasores, hebreus corruptos, perseguidores dentro do acampamento e enfermidades físicas. No salmo 51 a causa do lamento é o pecado, inimigo da alma e causador de enfermidades físicas. Esse salmo, como os demais salmos de lamentação, trazem normalmente o seguinte esquema: um clamor urgente pedindo ajuda; a descrição do inimigo; finalização do salmo com uma nota de louvor; e a crença de que a oração será ouvida.

Mesmo que esse salmo seja atribuído a Davi, é muito provável que ele não seja do tempo de Davi, mas de um período posterior, o período do pós-exílio. Ao longo dos séculos, este é um dos salmos muito usados nas celebrações penitenciais, pois abre a possibilidade a todo ser humano, nas

---

[76] Na liturgia cristã, sete salmos são prioritariamente usados para expressar o pedido de perdão a Deus pelos pecados cometidos: o salmo 6, que pede a Deus perdão pela ira; o salmo 32, pelo orgulho; o salmo 39, pela gula; o salmo 51, pela luxúria; o salmo 102, pela avareza; o salmo 130, pela inveja; o salmo 143, pela preguiça. Cf. em CHAMPLIN, R. N. *O Antigo Testamento interpretado versículo por versículo.* São Paulo: Hagos, 2005. p. 2062.

[77] Cf. 2Sm 11; 12,14.15.

piores condições em que se possa imaginar, de apelar para Deus, pedindo-lhe perdão, restauração moral e o reinício de uma vida de comunhão e serviço. Se for um arrependimento sincero, o salmista acredita que o Senhor terá compaixão dele e o perdoará.

Outros salmos, como o 51, trazem referências a Davi nos versículos iniciais. Os dois versículos finais do salmo 51 não faziam parte do texto original, são acréscimos posteriores. Nesse salmo não se evidencia o poder da Palavra de Deus, senão a sua força transformadora. A leitura do salmo 51 favorecerá a nossa compreensão nas explicações dele:

> Do mestre de canto. Salmo. De Davi. Quando o profeta Natã foi encontrá-lo após ele ter estado com Betsabeia. "Tem piedade de mim, ó Deus, por teu amor! Apaga minhas transgressões, por tua grande compaixão! Lava-me inteiro da minha iniquidade e purifica-me do meu pecado! Pois reconheço minhas transgressões e diante de mim está sempre o meu pecado; pequei contra ti, contra ti somente, pratiquei o que é mau aos teus olhos. Tens razão, portanto, ao falar, e tua vitória se manifesta ao julgar. Eis que eu nasci na iniquidade, minha mãe concebeu-me no pecado. Eis que amas a verdade no fundo do ser, e me ensinas a sabedoria no segredo. Purifica o meu pecado com o hissopo e ficarei puro, lava-me, e ficarei mais branco do que a neve. Faze-me ouvir o júbilo e a alegria, e dancem os ossos que esmagaste. Esconde a tua face dos meus pecados e apaga minhas iniquidades todas. Ó Deus, cria em mim um coração puro, renova um espírito firme no meu peito; não me rejeites para longe de tua face, não retires de mim o teu santo espírito. Devolve-me o júbilo da tua salvação e que um espírito generoso me sustente. Ensinarei teus caminhos aos rebeldes, para que os pecadores voltem a ti. Livra-me do sangue, ó Deus, meu Deus salvador, e minha língua aclamará tua justiça. Ó Senhor, abre

os meus lábios, e minha língua anunciará teu louvor. Pois tu não queres sacrifício e um holocausto não te agrada. Sacrifício a Deus é um espírito contrito, coração contrito e esmagado, ó Deus tu não desprezas. Faze o bem a Sião, por teu favor, reconstrói as muralhas de Jerusalém. Então te agradarás dos sacrifícios de justiça, holocaustos e ofertas totais, e em teu altar se oferecerão novilhos" (Sl 51).

Desde o início do salmo, percebe-se que o conteúdo da oração é uma invocação do perdão de Deus e o pedido de uma nova criação. É uma confissão individual de pecado e uma oração de perdão, rezado por uma pessoa durante uma liturgia em que esta pessoa pedia para ser readmitida na comunidade, depois de ter cometido um pecado grave contra a aliança. O ambiente narrativo do salmista era provavelmente o pecado de Davi com Betsabeia (2Sm 12,13), embora o foco não esteja no pecado de Davi, mas no amor fiel de Deus. Neste salmo não aparece um inimigo explícito, como aparece no salmo anterior. Este salmo inicia a segunda coleção de salmos que vai do salmo 51 a 72. Há diversas formas de subdividir o salmo.[78] Mas lendo atentamente o salmo, percebe-se: a invocação e oração inicial; a confissão dos pecados; súplica pelo perdão e renovação interior; uma promessa e um acréscimo litúrgico final.

## Invocação e oração inicial

Há um clamor do salmista: "Tem piedade mim, ó Deus, por seu amor!". Ele pede para anular os seus pecados. Eles são identificados com: transgressões (2), iniquidade (3x), pecado (4x), "pratiquei o que é mau aos teus olhos". Ele tem sempre diante dos seus olhos esses pecados, mas também se recorda

---

[78] SCHÖLEL, L. A.; CARNITI, Cecília. *Os Salmos I*. São Paulo: Paulus, 1996. p. 701-709.

constantemente de que Deus é: bondade e compaixão. Sabe que Deus lhe pede: sinceridade e sensatez, e ansiosamente suplica a Deus: novamente o júbilo e a alegria. Ele se dá conta de que as transgressões, iniquidades, maldade e os pecados não são atos isolados, mas realidades mais profundas e pedem a sua vigilância constante. Sente que estão entranhados na sua condição humana fragilizada e pecadora.

A imagem que o salmista encontrou para expressar a sua experiência fragilizada é desde a concepção e o nascimento: "Eis que eu nasci na iniquidade, minha mãe concebeu-me no pecado" (v. 7). Essa imagem aparece também em outros textos bíblicos.[79] O pecado está de tal modo entranhado no ser humano que ele tem dificuldade de manter um relacionamento justo com Deus.[80] Por isso, mesmo o Senhor precisa intervir para: *apagar*, *lavar* e *purificá-lo* do pecado. O termo pecado no grego *amartia* significa "errar o alvo"; ele sente que houve interferências que o desviaram do caminho do Senhor. Os seus muitos pecados necessitavam de abundante graça e misericórdia daquele que tem o poder de perdoar, caso contrário, não teria esperança de salvação. Por ele mesmo não seria capaz de chegar à paz, à intimidade com o Senhor.

## O salmista confessa o seu pecado

O único caminho que pode levar o salmista a reconciliar-se com Deus é a confissão dos seus pecados, pedindo-lhe perdão. Percebe que o pecado está sempre presente e diante de seus olhos; percebe ainda que eles continuam a influenciar a sua vida (v. 5). Ele confessa, então, a própria culpa porque tem consciência de que todo o pecado é uma forma de transgressão à lei do Senhor. Os pecados contra o próximo também

---

[79] Cf. Is 48,8; Os 12,4; Sl 58,4.

[80] Cf. outros textos: Is 1,16-17a; Jr 2,22.

são considerados como pecados contra Deus, por isso, ele os confessa e estende o seu pedido de perdão sobre toda a vida passada, assinalada pelo pecado desde as suas origens.[81] Ele não pede perdão pelos pecados da mãe, mas considera a própria condição humana pecadora; segundo ele, não há nenhum momento da vida no qual o ser humano não tenha necessidade da graça de Deus (v. 7). "Esta confissão é sábia, e um sinal de que Deus trabalha no segredo de um coração sincero: que reconhece o próprio pecado (v. 5) e pode chegar a conhecer a sabedoria divina. É um conhecimento realístico de si, uma sabedoria não alcançável só pelas forças humanas."[82]

A tradição rabínica tenta explicar como é que esse salmista pode afirmar que foi concebido em pecado, e a justificativa que encontrara é que: "A mulher, durante o ato sexual, natural e inevitavelmente, tem pensamentos adúlteros, pelo que, quando um bebê é concebido, é concebido em meio a uma atmosfera pecaminosa; dessa maneira a mãe do poeta concebeu-o em meio ao pecado. O sexo é o criador natural de pensamentos e intuitos pecaminosos... Visto ser um ato racional, tanto o homem quanto a mulher fazem daqueles momentos um tempo de pensamentos adúlteros".[83] É a visão de uma época. Mesmo que o texto de Gênesis 1 seja conhecido pelos rabinos e fale de maneira muito positiva da procriação e ordene: "Crescei e multiplicai-vos", e que essa união seja abençoada por Deus, que viu que "tudo era muito bom".

São interpretações que surgem em determinadas épocas, que não correspondem em outras, como, por exemplo, a questão da "mancha do pecado original" criada por Agostinho, Padre da Igreja. É o tipo de leitura e interpretação dos textos

---

[81] Cf. Gn 8,21; Jo 14,4.

[82] LORENZIN, Tiziano. *I Salmi*. Milano: Paoline, 2000. pp. 216-217.

[83] Ibid., p. 216.

bíblicos que trazem muito mais uma inconformidade do ser humano em conviver com o limite, o contingente e de não aceitar a sua condição de criatura finita. Por isso, não se respeita a si mesmo, invade o espaço do outro, de Deus e do mundo. Não sabe conviver com a finitude. E essa é a realidade humana.

Hoje conhecemos as ciências da psicologia, psiquiatria e outras que conseguem explicar certas situações humanas, pela carga hereditária inerente a cada ser humano, e que vai influenciar o seu comportamento desde o nascimento até a morte, se ele não tomar consciência e se trabalhar. Nascemos com marcas positivas e negativas que a vida intrauterina nos legou. Estaria aí o pecado original? Se o pecado deve ser um ato consciente, como é que um feto o teria praticado? Isto não nos impede de reconhecer-nos pecadores, como afirma a primeira carta de João: "Se dissermos: 'Não temos pecado', enganamo-nos e a verdade não está em nós" (1Jo 1,8).

## Pedido de perdão e renovação

Após o reconhecimento da sua fragilidade e da consciência de sua condição de pecador, o salmista faz o pedido de uma renovação total no seu interior: "Cria em mim um coração puro, renova em mim um espírito firme no meu peito; não me rejeites para longe de tua face, não retires de mim teu santo espírito" (v. 12-13). É uma súplica insistente. O verbo "criar" é o mesmo usado para falar da criação do ser humano em Gênesis 1. O salmista usa-o para falar da nova criação espiritual, ou seja, a criação de um novo ser humano, no espírito da carta de Paulo aos Coríntios: "Se alguém está em Cristo, é nova criatura; as coisas antigas já passaram, eis que se fizeram novas" (2Cor 5,17).

Ele pede um espírito resoluto e forte, pois havia se desviado do caminho, tornando-se frívolo, instável, e essa vida de meias medidas e de meias verdades já não lhe satisfaziam mais. Queria retomar o caminho, tornar-se resoluto, modificar a sua conduta e ser fiel ao Senhor. Mas ele não conseguiria retomar o caminho sem a presença do Senhor, e com humildade lhe pede: "Não me rejeites para longe de tua face, não retires de mim teu santo espírito", mesmo que não o mereça.

E pelo uso do termo hissope, planta usada para as aspersões nos ritos de purificação,[84] o contexto dessa celebração parece ter sido litúrgico. Ele não pede vida, saúde e força, mas dons espirituais que já foram prometidos em Jeremias e em outros textos:[85] um coração puro e um espírito firme, santo e generoso. Se Deus nos perdoa, ele afasta de nós o pecado e, por isso, podemos estar perto dele, a nossa fonte de júbilo e alegria (v. 10.14).

## Um voto a Deus

Nos salmos de súplica, depois do pedido de perdão, segue o engrandecimento do Senhor pelas maravilhas que ele operou no mundo, nas pessoas e nele próprio, mas neste salmo 51 o salmista faz a promessa de ensinar o caminho do Senhor aos que ainda precisam se converter (v. 15). Aquele que foi reconciliado agora leva uma mensagem de reconciliação (v. 19). O voto é interrompido por um pedido: "Livra-me do sangue, ó Deus, meu Deus Salvador" (v. 16a), que pode significar o livramento da morte merecida pelos seus pecados. Depois o salmista continua com o voto: "... e minha língua aclamará tua justiça... anunciará o teu louvor" (v. 16b-17). Ao voto ou promessa, seguia-se um sacrifício que era oferecido a Deus, mas em vez dele o salmista prefere assumir atitudes interiores

---

[84]  Lv 14,4-6: Nm 19,18; Ex 12,22.

[85]  Cf. Jr 31,33-34; Ez 36,26-27; Gl 3,1-2.

como: espírito contrito,[86] lealdade e obediência (vv. 18-19). O fato de não ter oferecido um sacrifício pode ter sido também porque o templo já tivesse sido destruído, segundo a indicação do v. 20: "Reconstrói as muralhas de Jerusalém", contemporaneamente à destruição dos muros da cidade. Mas poderia também tratar-se do pecado de adultério e de homicídio, que não podiam ser expiados com sacrifícios.[87]

Os dois versículos finais teriam sido acrescentados posteriormente nas liturgias penitenciais, após o exílio, e expressam a esperança de um novo templo, no qual os sacrifícios e as ofertas serão acompanhados com o dom sincero de uma vida renovada, "holocaustos e ofertas totais" (v. 21). Esta é a melhor e a mais acertada resposta dada não apenas com palavras, mas com gestos de vida. Por isso, os novos moradores de Jerusalém serão os que acolheram o convite de Deus à conversão e se tornaram novas criaturas mediante o perdão dos pecados.

A comunidade confessa os seus próprios pecados à luz dos pecados de Davi; pede perdão ao Deus de Sião, Sol radiante de Justiça, Salvador e Criador,[88] que não despreza um coração contrito e humilhado[89] e se compraz de quem o honra com sacrifícios de um espírito contrito. Na Jerusalém restaurada, os sacrifícios que procedem da justiça reencontram o seu valor. O exílio tinha sido um tempo sem sacrifícios, sem templo onde tivesse um altar para imolá-los, mas foi o tempo necessário para o aprendizado pelo sofrimento. No caminho de volta poderão reconstruir Jerusalém e renovar o culto.

---

[86] Cf. Os 6,6; Is 1,11-17; 1Sm 15,22.

[87] LORENZIN, Tiziano. *I Salmi*. Paoline: Milano, 200. p. 217.

[88] Cf. Sl 51,16.

[89] Cf. Sl 51,12.19.

A prática penitencial na comunidade cristã é muito mais ampla do que o sacramento da penitência, pois carrega a ideia de reconciliação. Ela tem algo da nova criação e realiza-se com uma efusão do Espírito de Deus, o qual se instaura como iniciativa e dinamismo da nova vida, e dá testemunho de si na alegria. Outra experiência pessoal de gozo pelo perdão consiste no desejo de fazer com que outros possam participar desse dom.

A experiência espiritual desses personagens bíblicos, que acabamos de conhecer, e do salmo 51 nos ajudam a perceber melhor a relação de Jesus de Nazaré com Deus, durante sua trajetória terrena.

# 5
# A experiência espiritual de Jesus de Nazaré

Deus está no centro da vida e da missão de Jesus. "É ele quem inspira sua mensagem, unifica sua intensa atividade e polariza suas energias".[1] Seu modo de ser, seu projeto não se explicam sem a vivência radical, íntima e profunda com Deus; sem ela, tudo perde sua autenticidade e a figura de Jesus fica desvirtuada.

Jesus foi movido pela sua experiência de Deus e convidou seus seguidores a acolherem Deus com a mesma confiança com que ele o fazia. A experiência espiritual de Jesus de Nazaré é uma luz intensa, que ilumina a nossa experiência espiritual e, ao mesmo tempo, sua compreensão representa um desafio para a reflexão bíblico-teológica.

## 1. Dificuldades

A expressão *experiência espiritual* de Jesus, à primeira vista, pode parecer estranha, ou mesmo pode ser entendida de diferentes modos. Em sentido geral, quando nos referimos à experiência espiritual de Jesus, entendemos o modo como ele, durante sua vida terrena, viveu sua relação com Deus. Trata-se, por conseguinte, de uma realidade complexa e misteriosa.

Ao abordar esta questão, inicialmente, deparamo-nos com duas grandes dificuldades. A primeira diz respeito às

---

[1] PAGOLA, José Antonio. *Jesus, uma aproximação histórica*, p. 363.

*fontes disponíveis*: Jesus não deixou nenhum escrito de próprio punho, nem mesmo um diário espiritual. Além disso, pouco sabemos de sua vida antes dos trinta anos de idade, durante sua vida oculta, tempo que certamente foi marcado por uma intensa vida espiritual. Os quatro Evangelhos canônicos e os outros escritos neotestamentários são testemunhos posteriores à sua Ressurreição e foram escritos com o objetivo de manter viva sua memória e suscitar o seguimento de sua pessoa e de seu projeto. Nenhum dos evangelistas se preocupou em apresentar o arco completo de sua existência histórica.

A segunda dificuldade diz respeito à *singularidade da pessoa de Jesus*: na fé, professamos que Jesus Cristo é verdadeiro Deus e verdadeiro homem.[2] Essa realidade faz dele uma pessoa singular. Ele revela uma singularidade sem igual no seu modo de relacionar-se:

- *consigo mesmo*, na consciência que ele tinha de sua missão, na sua autoridade sem precedente, na profunda coerência entre gestos e palavras, na extrema liberdade, até mesmo diante da morte;

- *com os outros*, na acolhida e respeito, no diálogo, no cuidado dos pobres e necessitados, na sensibilidade e ousadia no trato com as mulheres, no amor até aos inimigos;

- *com a obra da criação*, na reverência no trato com as criaturas, na sadia autonomia;

- *com Deus*, na intimidade de um filho com seu Pai, chamando-o de *Abbá* (paizinho), ao referir-se constantemente ao Pai, na oração confiante.

---

[2]   Cf. *Catecismo da Igreja Católica*, n. 464.

Jesus, o Filho Único do Pai, assumiu a natureza humana, tornando-se verdadeiramente um de nós em tudo, exceto no pecado. Trabalhou com mãos humanas, pensou e agiu como qualquer ser humano, amando com coração humano.[3]

Essa originalidade das fontes neotestamentárias disponíveis e a singularidade da pessoa de Jesus de Nazaré representam um desafio enorme para compreender sua experiência espiritual.

## 2. Horizonte da experiência espiritual de Jesus

Jesus cresceu respirando o clima religioso próprio do seu tempo e do seu povo. No seio da família conheceu o sentido profundo das tradições religiosas e aprendeu a rezar.[4] Foi circuncidado no oitavo dia do seu nascimento,[5] como sinal de sua pertença à descendência de Abraão e de sua submissão à Lei. Como Primogênito pertencente ao Senhor, foi apresentado ao templo.[6] Na ocasião, foi reconhecido como Messias esperado, *luz das nações* e *glória de Israel*, mas também *sinal de contradição*.[7]

Durante sua vida oculta, Jesus viveu a condição humana: vida cotidiana simples e vida religiosa submetida à Lei de Deus: "Era submisso a seus pais e crescia em sabedoria, em estatura e em graça diante de Deus e dos homens".[8]

---

[3] Cf. *Catecismo da Igreja Católica*, n. 470.

[4] PAGOLA, José Antonio. *Jesus, uma aproximação histórica*, p. 77.

[5] Cf. Lc 2,22-21.

[6] Cf. Lc 2,21.

[7] Cf. Lc 2,32-35.

[8] Lc. 2,52.

Jesus frequentava o templo[9] e a sinagoga.[10] É significativa a passagem do Evangelho segundo Lucas em que Jesus, num dia de sábado, entra na sinagoga de Nazaré e depois de ter lido a *passagem* do profeta Isaías 61,1-2 afirmou: "Hoje se cumpriu aos vossos ouvidos essa passagem da Escritura".[11]

## 3. As tradições bíblicas sobre Deus

Jesus, o mestre de Galileia, não propôs uma doutrina sobre Deus, nem se preocupou em apresentar definições concisas e aceitáveis sobre quem é Deus. Para Jesus, Deus não é uma teoria, é uma experiência que transforma a vida.

Ele não tem a pretensão de substituir a doutrina tradicional sobre Deus por outra nova. Conhecedor das tradições de seu povo sobre Deus, da própria religião do seu povo, o seu Deus é o Deus de Israel: o único Senhor, criador e salvador de seu povo, o Deus da Aliança.

Entretanto, existe uma diferença fundamental. Os líderes religiosos do povo associam Deus ao sistema religioso, no qual o mais importante é dar glória a Deus observando a lei, respeitando o sábado e realizando o culto no templo. As autoridades religiosas sentem-se ungidas para cuidar da religião do templo e do cumprimento da Lei. Jesus associa Deus com a vida e o mais importante é que as pessoas tenham uma vida digna. Ele se sente enviado para promover a justiça de Deus e sua misericórdia.

Jesus revela que Deus não é solidão, mas doação plena; é comunhão de amor entre o Pai, o Filho e o Espírito Santo.

---

[9] Cf. Lc 2,41-42.

[10] Cf, Lc 4,16.

[11] Cf. Lc 4,18-19.

É um Deus que intervém na história, enviando seu Filho ao mundo para salvá-lo e não para condená-lo.

Da análise da mútua interação entre o seu modo de atuar e sua pregação, podemos detectar os diversos elementos provenientes das tradições de Israel que Jesus integrava em sua própria visão de Deus.[12]

- *Tradição profética*: segundo essa tradição, Deus é o defensor dos oprimidos, dos pobres e dos fracos; ele age contra a injustiça e garante que a utopia de uma vida justa é possível. Relaciona-se com suas criaturas, exigindo conversão pessoal e mudança interior. Suscita os profetas, exige deles entrega incondicional até mesmo da própria vida.

  Na pregação de Jesus, essa tradição, basicamente, está presente nos seus ensinamentos relativos ao *Deus do Reino.*

- *Tradições apocalípticas*: essas tradições realçam o futuro absoluto de Deus. Ele mesmo e só ele transforma a realidade no final dos tempos, pois o momento presente não é capaz de receber a plenitude de Deus. Em relação à expectativa da chegada do fim dos tempos e da transformação total e absoluta da realidade, também estão presentes nos ensinamentos de Jesus acerca do Deus do Reino.

- *Tradições sapienciais*: essas tradições enfatizam o Deus criador e providente. Ele cuida de todas as suas criaturas e vela por suas necessidades cotidianas; permite que, na história, cresçam juntos os bons e os maus, deixando a seleção e a justiça para o fim dos tempos.

---

[12] Em relação a essas tradições sobre Deus, seguimos a explicação de Jon Sobrino, na obra *Jesus, o libertador*, p. 203-206.

Distanciam-se da concepção escatológica do Deus do Reino de Deus.

- *Tradições existenciais*: nelas só se escuta o silêncio de Deus; são próprias de alguns salmos, das lamentações de Jeremias, do Qohelet, de Jó. Aparecem esporadicamente no Primeiro Testamento e, em si mesmas, são distintas da tradição do Deus do Reino.

Segundo os Evangelhos, essas diferentes tradições estão presentes, de uma forma ou de outra, nos ensinamentos de Jesus e é difícil interligá-las a partir de uma visão estritamente conceitual. O que sobressai é sua experiência filial.

## 4. A experiência filial de Jesus

Em sua vida terrena, Jesus de Nazaré não fez de si mesmo o centro de sua pregação e de sua missão. Sua vida foi descentrada de si mesmo e centrada em torno de duas realidades fundamentais da fé cristã: *Reino de Deus e Pai.*[13]

*Reino de Deus* não é um território sobre o qual Deus tem total domínio, mas é o seu modo de atuar no mundo, mediante o qual vai libertando toda a criação dos males, do pecado, da enfermidade, das divisões e da morte, e implantando o amor, a fraternidade e a vida.[14] É o projeto do Pai que Jesus veio ao mundo para realizar.

*Pai* é o princípio e o horizonte último da realidade, a fonte da qual jorra a vida desde toda a eternidade, o mistério inesgotável e invisível, que se tornou visível no Filho Jesus: "Ele é a imagem do Deus invisível, o primogênito de toda a

---

[13] SOBRINO, J. *Jesus, o Libertador*: I – A História de Jesus de Nazaré, p. 105.
[14] BOFF, L. *O Pai-nosso*, p. 67-76.

criação".[15] Na sua realidade de Filho, Jesus durante sua vida pública não falou de si próprio, de seus projetos, de sua utopia, de sua vontade; falou incessantemente do Pai com quem vivia em profunda e constante comunhão. Ele revelou o Pai: "Ninguém jamais viu a Deus: o Filho único, que está voltado para o seio do Pai, este o deu a conhecer".[16]

Como todo ser humano, Jesus, o Filho, o Primogênito entre muitos irmãos,[17] se defrontou com a complexidade da vida e da história e se viu forçado a buscar e a dar sentido à própria existência. Os Evangelhos se referem à radical experiência de Deus, que Jesus fez como algo absolutamente central em sua vida. Ele buscou incessantemente a Deus, abriu-se a ele, dialogou com ele, descansou nele, deixando-o ser Deus.[18]

A vida e a missão de Jesus têm como pressuposto fundamental uma experiência íntima e pessoal com Deus, que ele chama de *Abba*, que significa meu paizinho, expressão de carinho, confiança e segurança usada pelas crianças ao se dirigirem a seu pai. Jesus se dirige a Deus com a simplicidade e abandono de uma criancinha.

## 5. A relação filial de Jesus

*Abba* encerra o segredo da relação íntima de Jesus com seu Deus e de sua missão em nome desse Deus. Jesus se sente enviado a desvendar os segredos do Reino aos pequenos e pobres:

O Espírito do Senhor está sobre mim, pois ele me consagrou com a unção, para anunciar a Boa-Nova aos pobres; enviou-me

---

[15] Cl 1,15.

[16] Jo 1,18.

[17] Cf. Rm 8,29.

[18] SOBRINO, J. *Jesus, o Libertador*: I – A História de Jesus de Nazaré, p. 202.

para proclamar a libertação aos presos e, aos cegos, a recuperação da vista; para dar liberdade aos oprimidos e proclamar um ano de graça da parte do Senhor.[19]

Ao revelar o rosto de Deus como Pai, Jesus revela sua própria condição de filho unigênito com uma relação singular e irrepetível com Deus Pai. Ele é a revelação do Pai, o sacramento do Pai. "Quem me vê, vê o Pai."[20] Quem contempla Jesus, contempla o rosto do Pai. No Filho, o Pai, transcendente, inacessível, aquele que ninguém podia ver e continuar vivo,[21] torna-se um de nós, de carne e osso como nós, humano como nós.

Jesus é o Filho Unigênito. Ele é o primogênito, o irmão que representa o Pai junto aos demais, o responsável por todos os irmãos, que vem para fazer a vontade do Pai em favor de seus filhos. A filiação é algo essencial à pessoa de Jesus. Para Jesus, ser significa ser filho. Sua personalidade é filial e todo o seu ser e agir são filiais. Jesus vive, sente, trabalha, sofre e reza nessa dimensão filial.

Jesus revela o amor maternal e compassivo de Deus pelos pobres; reconhece sua sabedoria, sua ação e sua presença nos pequenos. Exultando no Espírito, ele exclamou: "Eu te louvo Pai, Senhor do céu e da terra, porque ocultastes estas coisas aos sábios e doutores e as revelastes aos pequeninos".[22]

Jesus veio do Pai e se tornou caminho para o Pai. O amor de Jesus pelo Pai leva-o a querer só e sempre a sua vontade e a fazer dela o alimento de sua existência. "Meu alimento é fazer a vontade daquele que me enviou e realizar plenamente a sua obra."[23]

---

[19] Cf. Lc 4,18-19.

[20] Jo 14,9.

[21] Cf. Ex 33,20.

[22] Mt 11,25.

[23] Jo 4,34.

## 6. A experiência da comunhão total[24]

Jesus viveu a mais bela e encantadora experiência da comunhão total. Ele nos ensina que há uma misteriosa comunhão de Deus com o ser humano e que Deus nos ama a todos infinitamente. O amor incondicional de Deus para conosco constitui o fundamento da experiência espiritual de Jesus. Toda a sua vida foi uma expressão de amor incondicional *a Deus, a si mesmo, ao próximo e ao universo.*

* *A Deus*: para Jesus, Deus é alguém muito próximo, que cuida de suas criaturas, com infinita ternura e compaixão. Ele reconhecia a presença e a ação de Deus *aqui e agora*. No caminho de seguimento de Jesus, o nosso desafio é crescer na consciência dessa presença e dessa proximidade de Deus. O mistério de Deus nos envolve: "Nele vivemos, nos movemos e existimos".[25]

* *A si mesmo*: Jesus vivia em paz consigo mesmo. Apesar de sua luta em favor do Reino, ele não vivia em estado de conflito interior. A experiência profunda de ser amado por Deus o fazia sentir-se digno desse amor. Nosso desafio é amar-nos a nós mesmos incondicionalmente. Isto significa aceitação de nós mesmos como somos. Aceitar nossos dons, nossos talentos, nossas potencialidades, mas também nossos limites, nossas fraquezas. A aceitação amorosa permite viver em paz consigo mesmo.

* *Ao próximo*: Jesus tratava todas as pessoas que encontrava com respeito e amor. Amava o próximo como a si mesmo. Identificava-se com todos os outros seres humanos, por isso sabia compreendê-los em suas situações particulares. Seguir Jesus implica identificar-se

---

[24] Para aprofundar este aspecto, ver a obra de Albert Nolan, *Jesus hoje*, pp. 201-268.

[25] At 17,28.

com todos os nossos irmãos e irmãs a ponto de poder dizer como Jesus: "Tudo o que fizerdes a eles a mim o fareis".[26] Minha identificação não deve ser apenas com o meu *eu* individual e único, mas com toda a humanidade.

- *Ao universo*: Para Jesus, Deus cuida de toda a criação, com um carinho especial, e providencia tudo o que ela precisa: alimenta as aves, veste os campos de flores, faz o sol brilhar e a chuva cair sobre justos e injustos.[27] Todo o universo vive graças à amorosa ação criadora de Deus.

Jesus nos ensina que Deus não nos criou para a solidão, mas para a comunhão com toda a criação. Como seres humanos, fazemos parte da natureza, pertencemos à grande família do universo. O desafio é aprofundarmos nossa experiência de comunhão com o universo, neste momento crucial para a história da humanidade, em que as grandes questões ecológicas nos provocam a uma tomada de posição em favor da vida em plenitude.[28]

Para conhecer o rosto e o coração de Deus Pai, sentir-nos amados por ele, tornar-nos filhos, temos um caminho seguro: seguir os passos de Jesus.

---

[26] Mt 24,40.
[27] Cf. Mt 6,26-30.
[28] Cf. Jo 10,10.

# 6
# Jesus Cristo, centro e plenitude da história da salvação

A Bíblia narra a história do amor de Deus, sempre presente e operante na vida do povo, e, simultaneamente, da acolhida ou da recusa desse amor por parte do povo. Um amor que vai crescendo até atingir o vértice, quando Deus envia o seu próprio Filho como Salvador do mundo. Cristo Jesus prometido, anunciado, vindo ao mundo, morto, ressuscitado constitui o princípio unificador de toda a Escritura e o fim para o qual tudo tende. Ele é a verdade primeira e última: *Alfa* e *Ômega, princípio* e *fim*[1] da história narrada na Bíblia.

Já o Primeiro Testamento caracteriza-se por ser uma história em que Deus comunica a sua Palavra, a qual, "na plenitude dos tempos", em Jesus, se torna um ser humano *nascido de mulher*.[2] A Palavra não é um discurso, um conceito, é a pessoa de Jesus, sua história, única e singular. Ele é a Palavra central e definitiva que Deus diz à humanidade.[3]

## 1. A centralidade de Jesus Cristo

O centro é um dos arquétipos mais antigos da história da humanidade (imagens psíquicas do inconsciente coletivo que são patrimônio comum). Remonta às origens da humanidade

---

[1] Ap 22,13.

[2] Gl 4,4.

[3] BENTO XVI, *Verbum Domini*, n. 11.

e tem um forte significado religioso: designa um espaço reservado em que o ser humano, de modo misterioso e inefável, se encontra consigo mesmo e com o Transcendente.

O centro não é um lugar geográfico, é o núcleo originário e primordial, é a fonte do qual emana a vida nova; para ele tudo converge e dele tudo se irradia. O centro expressa a ideia de essencialidade, de harmonia e de equilíbrio. Encontrar o centro da própria vida, da própria história, da própria cultura é uma descoberta singular e surpreendente, que exige determinação e perseverança. O caminho da vida é um lento peregrinar rumo ao centro, para encontrá-lo e construir sobre ele a própria história.

Atraído pelo centro, o ser humano realiza um dúplice movimento: de aproximação, em que o centro nos concentra, nos unifica e nos reúne, colaborando para realizar em nós a unidade e a comunhão; de distanciamento, em que nos apegamos ao secundário e acessório, nos dispersamos e fragmentamos. Perder a direção do centro quer dizer não ter orientação segura, não ter um projeto de vida.

Nas tradições religiosas, Deus é o centro por excelência. Dele tudo provém e para ele tudo converge. No cristianismo, o centro por excelência é Jesus Cristo, o Messias, enviado do Pai, na força do Espírito. O Deus cristão é Trindade: Pai, Filho e Espírito Santo que, na plenitude dos tempos, se revelou em Jesus de Nazaré. Cristo Jesus recapitula e personaliza todos os aspectos da história da salvação: evento, lugares sagrados, teofania, culto. Ele é *tudo em todos*.[4]

O cristianismo reconhece e professa a centralidade de Jesus, na História da Salvação, mas esse cristocentrismo não se opõe ao teocentrismo: Jesus é o Filho amado do Pai, o

---

[4] Cl 3,11.

primogênito, no qual todas as coisas foram feitas, na força e no poder do Espírito. Por conseguinte, cristocentrismo e teocentrismo se entrelaçam reciprocamente.

O Prólogo do Evangelho segundo João apresenta o paradoxo fundamental da fé cristã: de um lado, *ninguém jamais viu a Deus*,[5] ele permanece sempre o *mistério insondável*; por outro, ele *se fez carne e armou sua tenda entre nós*.[6] *Da sua plenitude todos nós recebemos graça sobre graça*.[7] A Palavra sai do Pai e volta para o Pai, levando consigo a nossa humanidade. Ele é o Revelador do Pai.[8] O desejo de penetrar no mistério de Cristo e de conhecê-lo recebe em Jesus a resposta definitiva: "Ninguém jamais viu Deus: o Filho unigênito que está no seio do Pai, este o deu a conhecer".[9]

Por conseguinte, a espiritualidade bíblica, como experiência espiritual da aliança de Deus com o seu povo e da promessa que se realiza em Jesus, é profundamente *cristocêntrica*. Consiste na busca incessante da face luminosa de Deus e no reconhecimento do inefável mistério de Cristo. Mistério que não é uma barreira que impede de ir adiante, mas um oceano no qual é possível mergulhar sem nunca esgotar. O mistério não é obscuridade da noite, mas luminosidade de um sol esplendente que nos impede de fixar o olhar e, ao mesmo tempo, nos envolve com sua luz.

Sendo *cristocêntrica*, a espiritualidade bíblica é também *trinitária*. A fé na promessa messiânica, na releitura cristã das Escrituras, já era fé em Cristo, o enviado do Pai, na potência

---

[5]  Jo 1,18.

[6]  Jo 1,14.

[7]  Jo 1,16.

[8]  BENTO XVI, *Verbum Domini*, n. 90.

[9]  Jo 1,18.

do Espírito. A experiência espiritual bíblica é um caminho, exigente e conflitivo de comunhão com o Pai, por meio de Cristo, na força do seu Espírito, que traz consigo um compromisso missionário.

A vivência da espiritualidade bíblica segue a metodologia usada pelo Ressuscitado com os discípulos de Emaús.[10]

- *No caminho*: dois discípulos, após o trágico desfecho da morte de Jesus, se põem a caminho. Afastam-se de Jerusalém, meta de chegada e ponto de partida da vida e missão de Jesus e da Igreja, e caminham para um povoado fora do centro dos eventos. Jesus aproxima-se deles, observa, pergunta e caminha com eles. No caminho da vida, nem sempre somos capazes de reconhecer os sinais da presença do ressuscitado.

- *A partir da centralidade do evento pascal*: os discípulos esperavam um messias político, libertador de Israel; para eles, o companheiro de viagem não passava de um forasteiro. Nem sempre somos capazes de colocar no centro da nossa vida Jesus crucificado e ressuscitado. Muitas vezes andamos vagando pelas periferias da existência!

- *Reler e reinterpretar as Escrituras*: a Boa-Nova anunciada pelas mulheres, que afirmavam ter visto os anjos, ao invés de alegrá-los, deixa-os assustados; haviam apreendido as Escrituras, mas não compreenderam o sentido delas; a desesperança os impedia de captar o significado dos acontecimentos. Estavam apoiados em suas doutrinas e definições, que não davam espaço para algo diferente. A presença do forasteiro que já fez a passagem-páscoa e vive outra dinâmica faz com que

---

[10] Cf. Lc 24.

os dois discípulos, processualmente, abram o coração, os olhos e a mente. Esta é a dinâmica da espiritualidade bíblica: a contínua passagem para a dinâmica do coração aberto e acolhedor.

- *Comprometendo-se em anunciá-lo aos irmãos*: os discípulos voltam à comunidade com um novo olhar. Refazem o caminho, com renovado ardor missionário. A tristeza se transforma em encantamento e entusiasmo para a missão e esta, por sua vez, é um aprendizado constante de abertura ao novo, de acolhida do diferente. A missão é parte essencial da nossa espiritualidade bíblica.

A realização das promessas não é um tempo, mas é Jesus Cristo que afirmou de si mesmo: "Eu sou o caminho, a verdade e a vida",[11] personalizando, assim, toda a história da salvação, desde a primeira até a definitiva, "nova e eterna aliança".

## 2. A dimensão histórica da salvação

O Deus transcendente revela-se no decorrer da história e dentro dos processos históricos. A experiência espiritual de Israel acontece no seio da história da salvação. Deus é um pedagogo exigente que prepara progressivamente o seu povo para a vinda do messias, adaptando-se à sua situação concreta, respeitando a sua mentalidade, compreendendo suas fraquezas.

Entre o povo que vive suas vicissitudes e o Deus que salva, existe uma relação histórica. Na dinâmica promessa-cumprimento está o núcleo da história da salvação. Javé é o Deus das promessas, o Deus fiel, que cumpre o que promete.

---

[11] Jo 14,6.

A epifania de Deus na história tem seu centro e alcança seu cume na encarnação de Jesus. Deus decidiu entrar de modo novo e definitivo na história humana e enviar seu filho com um corpo semelhante ao nosso. A história da salvação se encontra intimamente relacionada com o mistério de Cristo. Por Cristo, a Palavra feita carne, e com o Espírito Santo a humanidade chega ao Pai e participa da natureza divina.

Existe uma unidade entre revelação e salvação; ambas possuem uma dupla finalidade: conduzir-nos ao Pai e tornar-nos partícipes de sua vida divina, mostrando o caminho que eleva à felicidade eterna, à salvação. A salvação está orientada a "recapitular todas as coisas em Cristo", a fazer de toda a humanidade uma só família, a família de Deus, tornando-nos filhos no filho, incorporados nele.[12]

A revelação é o ato de Deus Pai que se manifesta por meio de seu Filho, a fim de levar a humanidade à salvação, no seu Espírito. Essa autorrevelação de Deus se faz por meio de acontecimentos e palavras: Deus não se dá a conhecer num corpo de verdades abstratas, mas na história concreta em que o ser humano vive; acontecimentos e palavras são inseparáveis. Nessa manifestação de Deus, Jesus Cristo é mediador supremo e plenitude de toda a revelação. A revelação feita a Moisés e aos profetas era apenas uma preparação.[13]

O fato de que "o projeto de salvação se realiza em obras e palavras" dá origem ao importante conceito teológico de história da salvação. A Igreja sempre afirma o caráter histórico de sua fé: Jesus Cristo se encarnou no seio da Virgem Maria... morreu e foi sepultado... ressuscitou ao terceiro dia. O

---

[12] Cf. Ef 1,3-10; Cl 1,13-20.

[13] Cf. DV n. 3.

Vaticano II restabeleceu com toda força o realismo funcional, existencial, histórico e cósmico da salvação cristã.

A história da revelação de Deus ao ser humano tem um processo evolutivo lento e progressivo.[14] O credo cristão não se baseia em esquemas abstratos, mas em eventos concretos em que Deus se manifestou na história, oferecendo a salvação. Deus fala na criação, nas situações mais diversas de Israel; Deus fala em Jesus Cristo e por meio da Igreja; Deus fala em nossa vida.

A história da salvação não é paralela à história humana, mas concretiza-se nela. Não existem duas histórias, a profana e a da salvação, mas uma única história na qual Deus age. O espaço e o tempo, enquanto coordenadas históricas, são momentos da revelação de Deus, momentos em que Deus se torna tangível ao ser humano, manifestando-se e oferecendo-lhe seu projeto de salvação, esperando dele uma resposta de fé e de acolhida do dom. O espaço-tempo constitui o lugar teológico para escutar e acolher o desígnio salvífico de Deus para com a humanidade. O desígnio de Deus é algo concreto e palpável.

A história da salvação pode ser dividida em três tempos históricos, relacionados com as três pessoas da Trindade:[15]

- *O tempo de Israel*, anterior a Cristo, constitui o Evangelho do Pai. Nele os momentos especialmente significativos são: a criação, o pecado, a promessa, o êxodo, a aliança e o profetismo. A revelação de Deus nesse tempo anterior a Cristo é progressiva. É o Primeiro Testamento, a etapa preparatória.

---

[14] Cf. Hb 1,1-2.

[15] Essa divisão da história da salvação em três períodos ou etapas encontra-se na obra de Lucas: Evangelho e Atos.

- *O tempo de Jesus Cristo*, o Evangelho do Filho; na plenitude dos tempos, Deus enviou seu Filho, Palavra feita carne. Com sua presença e manifestação, com suas palavras e obras, com os sinais e milagres e, particularmente, com sua morte e ressurreição e com o envio do Espírito de verdade, leva à plenitude toda a revelação. É o Novo Testamento, a etapa da realização da salvação.

- *O tempo da Igreja*, o Evangelho do Espírito Santo. Os apóstolos transmitem as palavras e os ensinamentos que receberam de Jesus Cristo, e o Espírito vai conduzindo sua Igreja através dos séculos até a plenitude da verdade, até a gloriosa manifestação de Jesus Cristo Senhor nosso.

Essa etapa da Igreja é o tempo em que vivemos, que se estende como prolongamento do momento de Cristo, desde Pentecostes até a parusia, quando ele voltar novamente. O tempo da Igreja é a etapa da aplicação da salvação até a sua consumação, no final da história.

A espiritualidade bíblica supõe um encontro pessoal, íntimo, perseverante e experiencial com Jesus Cristo, plenitude do ser humano que caminha para Deus, realidade suprema que sacia seu coração inquieto. É a resposta ao apelo de Deus para seguir os passos de seu Filho Primogênito.

# 7
# Espiritualidade do seguimento de Jesus

Na compreensão da espiritualidade bíblica é necessário superar, de um lado, a simples justaposição entre seguimento de Jesus e espiritualidade, e, de outro, a dicotomia entre teologia e espiritualidade. A experiência espiritual é "ato primeiro" do pensar teológico e a teologia é "ato segundo". A reflexão teológica esclarece e alimenta a vida espiritual; a experiência espiritual, por sua vez, sustenta e dá vigor à inteligência da fé.

Além disso, nesta nova perspectiva, a espiritualidade passa a ser cristocêntrica e trinitária, relacional e contextualizada e, consequentemente, unificadora dos diferentes aspectos da realidade histórica, levando a superar a visão fragmentada e dualista.

Essa visão unitária nos situa no contexto da história da salvação concebida como resposta do ser humano, ao Deus que toma a iniciativa de chamar.

## 1. História da salvação como história do chamado-resposta

Na relação do ser humano com Deus, entendida como chamado-resposta, a história da salvação é uma história de seguimento. O Senhor chama Abraão para segui-lo rumo a um país distante e desconhecido;[16] escolhe Israel para ser seu

---

[16] Cf. Gn 12,1.

povo[17] e seguir os seus caminhos;[18] os patriarcas e profetas têm a missão de conduzir o povo pelos caminhos do Senhor. De modo geral, a expressão "seguir Javé"[19] significa inclinação, dependência, obediência, reconhecimento da soberania, aceitação de seus mandamentos ou preceitos. Entretanto, no desenrolar da história de Israel, essa expressão adquire matizes variados e se torna mais concreta quando se trata do seguimento, não dos deuses ou do Senhor, e sim do enviado do Senhor do profeta, de onde nasce a relação mestre-discípulo.

João Batista, o precursor, começa sua pregação exortando o povo a preparar os caminhos do Senhor e a endireitar as veredas, como está escrito no livro dos oráculos do profeta Isaías.[20] O Primeiro Testamento constitui, assim, o ambiente natural e a pré-história da noção evangélica do seguimento.

O Segundo Testamento é a plena realização, na pessoa de Jesus, dos desígnios divinos preanunciados no Primeiro Testamento. Jesus é a personalização do chamado de Deus que se fez carne e armou sua tenda entre nós.[21] Com todo o seu ser, ele revela o Pai e é o seu apelo escatológico que propõe à liberdade humana uma mudança radical. Jesus, como enviado de Deus e Filho unigênito, está associado ao Pai no chamado; como homem, é aquele que responde no mundo e pelo mundo diante do Pai.

Jesus, o Verbo eterno, inaugura sua atividade missionária convidando algumas pessoas do meio do seu povo para segui-lo e partilhar com ele a vida, a missão e o destino. Ele chama com autoridade e sem dar nenhuma explicação.[22] De

---

[17] Cf. Nm 23,9.

[18] Cf. Dt 13,5.

[19] Cf. Dt 1,36; 1Rs 14,8; 1Rs 18,21; 2Rs 23,3; Jr 2,2.

[20] Cf. Lc 3,4.

[21] Cf. Jo 1,14.

[22] Cf. Mc 1,16-20; Mt 4,18; Lc 5,1-11.

um lado, ele se insere na cultura do seu tempo e toma como modelo exterior as relações mestre-discípulo no sistema rabínico; de outro, traz uma novidade inconfundível. Essa novidade diz respeito à sua pessoa que se torna o centro do seguimento e à função salvífica do seguimento.

Com o chamado de Jesus e a resposta dos discípulos, tem início um processo em que Jesus instrui os seus discípulos e vai revelando sua identidade e o seu projeto. Esse processo passa por várias etapas. Os discípulos seguem o Mestre de Nazaré, atraídos pela força de sua pessoa; percorrem com ele as estradas da Palestina anunciando o Reino, participando de sua vida e acolhendo seus ensinamentos; testemunham sua morte trágica nas mãos dos dirigentes do povo. Eles descobrem na ressurreição que ele era verdadeiramente o Messias. À luz da ressurreição releem a vida, a missão e a morte na cruz de Jesus e tudo adquire um sentido novo.

Esse processo vivido pelos primeiros discípulos constitui o paradigma da resposta ao chamado de Deus de todos os tempos e lugares. A palavra de Jesus "segue-me" continua ressoando em todos os recantos do universo. E a resposta implica um exigente processo que leva a conhecer o seu projeto e a assimilar os seus ensinamentos e a prosseguir a sua prática em favor da vida.

## 2. Espiritualidade: dimensão pneumatológica do seguimento de Jesus

Jesus chamou seus discípulos para estarem com ele[23] e para que, estando com ele, assimilassem os seus ensinamentos e vivessem como ele viveu: em constante relação-comunhão com o Pai e a serviço do Reino. Encontrar-se com Jesus implica

---

[23] Cf. Mc 3,14.

entrar na intimidade com ele, converter-se e comprometer-se com o projeto de vida do Pai, em todas as suas dimensões: pessoal, comunitária, social, política e ecológica.

No seguimento de Jesus há duas dimensões intrinsecamente relacionadas entre si: a dimensão *cristológica* (assemelhar-se a Jesus) e a dimensão *pneumatológica* (viver com o espírito de Jesus). Consequentemente, toda a espiritualidade cristã é essencialmente espiritualidade do seguimento de Jesus.

Três momentos distintos e intrinsecamente relacionados estão presentes no seguimento de Jesus: a *memória*, que atualiza a prática de Jesus e suas atitudes em relação ao Pai e aos irmãos; a *vivência*, maneira concreta de ser fiel a Jesus na solidariedade para com os pobres, reinventada constantemente em nossas vidas pela força do Espírito que age em nós; a *esperança* sempre reavivada de que podemos viver gestos de ressurreição até que ela se realize plenamente, pois Jesus venceu a morte e está vivo no meio de nós.

A espiritualidade do seguimento de Jesus é profundamente pascal, pois nela está em jogo a dialética morte-vida, mas ela se fundamenta na vitória do Ressuscitado, que renova a cada dia a nossa esperança e nos leva a assumir o modo de viver filial de Jesus que agia movido pelo Espírito.

## 3. Aprender de Jesus e com Jesus a viver segundo o Espírito

A vida de Jesus está, toda ela, perpassada pelo Espírito. Consequentemente, o seguimento que consiste em ser e viver como Jesus é, para nós, o lugar privilegiado da manifestação do mesmo Espírito e da vivência da espiritualidade. É o Espírito que faz do ser humano seu templo, configurando-o ao Filho e possibilitando-o chamar Deus de Pai, como Jesus o chamava.

O seguimento como lugar da manifestação do Espírito engloba outras realidades, tais como: a oração, a liturgia, a contemplação da natureza. Mas o desígnio de Deus é que somos chamados a ser *filhos no Filho*, isto é, a reproduzir, na história, a vida de Jesus: encarnação na realidade histórica, anúncio da Boa-Nova de Jesus, conflito, perseguição e cruz, ressurreição como plenitude histórica e transcendente.

Na vida do cristão, seguimento de Jesus e Espírito não são realidades que coexistem simplesmente de forma justaposta, nem são realidades que geram forças contrárias, mas cada uma corresponde a um âmbito distinto da realidade. O seguimento é a linha mestra traçada por Jesus para caminhar e o Espírito é a força que nos capacita a caminhar real e atualizadamente por esse traçado, ao longo da história.

O Espírito de Deus sopra onde e como quer. Mas tem um lugar determinado de atuar, recordar e imaginar em que seu sopro é real e tem a força de um vendaval. Esse lugar é, sem dúvida, o seguimento de Jesus, que se torna critério de autenticidade das manifestações do Espírito.

Dentre as múltiplas e variadas manifestações do Espírito, podemos lembrar: o Espírito como luz para iluminar a verdade que está relacionada com a historicidade da comunicação com Deus. A verdade de Deus se torna presente em Jesus, mas precisa ser completada: "Quando ele vier, os guiará à verdade completa".[24]

Além de nos conduzir do não saber ao saber, o Espírito é força para desmascarar a mentira do mundo. Em todos os campos das relações sociais, existem, hoje, mentiras e ocultamento da verdade. Superar essa situação de mentira estrutural e institucionalizada é um milagre do Espírito.

---

[24] Jo 16,13.

A fé cristã gerada em nós pelo Espírito de Jesus e do Pai nos permite crer no passado de Jesus Cristo como nosso presente e nosso futuro. "A fé é uma posse antecipada do que se espera, um meio de demonstrar as realidades que não se veem."[25] O caminho que Jesus percorreu é o nosso caminho. E nada nos acontecerá que não passe pelo que já aconteceu com ele. Se o Espírito do próprio Deus está em nós e nos guia, tudo o que fazemos será obra dele em nós e, por onde passarmos, deixaremos as marcas do próprio Deus que age em nós e seremos testemunhas de fé, em Deus uno e trino.

---

[25] Hb 11,1.

# 8
# Experiência espiritual no Segundo Testamento

Os escritos do Segundo Testamento, particularmente os Evangelhos, são a expressão de uma profunda experiência de Jesus Cristo, morto e ressuscitado, na força do seu Espírito. Essa experiência acontece caracterizada por uma intensa identificação entre conhecimento e amor, contemplação e ação, teoria e práxis, história e escatologia.

Nos Evangelhos sinóticos percebe-se a fusão de dois horizontes: a *experiência histórica do Jesus terreno*, que percorre as estradas da Palestina, sente-se enviado pelo Pai e revela seu projeto de vida e liberdade para todos; a *experiência do Senhor ressuscitado* por parte dos primeiros discípulos, que sentem sua presença viva e atuante em suas vidas, assumem a sua causa, dando continuidade ao seu projeto.

É a experiência dos discípulos do Jesus pré-pascal e das primeiras comunidades cristãs do Jesus pós-pascal, realizadas no Espírito e com a mediação dos primeiros testemunhos das mesmas comunidades. Existe uma continuidade entre os dois horizontes da experiência. Essa continuidade é dada pela pessoa do vivente.

Ao ler os Evangelhos, percebe-se claramente que o ponto de partida de toda espiritualidade cristã é o chamado de Jesus ao seu seguimento. A partir da opção, clara e firme, de seguir Jesus, os discípulos começaram a viver o que podemos chamar de espiritualidade cristã do seguimento de Jesus.

Entretanto, é preciso ter presente que seguir Jesus não é seguir uma ideia, aprender uma doutrina, mas é seguir uma pessoa de forma radical.

Os Evangelhos nos guiam gradativamente a um processo de cristificação; indicam-nos o caminho a percorrer sem esconder as dificuldades que encontramos, na vivência dessa espiritualidade do seguimento de Jesus.

Esse enfoque comum adquire características distintas em cada evangelho, dependendo dos motivos que levaram a escrevê-lo, da situação da comunidade à qual o Evangelho se destinava, da diferente data de sua redação.

## 1. Marcos: Jesus Cristo, Filho de Deus[1]

O versículo inicial do Evangelho segundo Marcos: "Princípio do Evangelho de Jesus Cristo..."[2] orienta e direciona todo o texto: o livro de Marcos deve ser lido como Boa-Notícia sobre Jesus Cristo, Filho de Deus.

A experiência espiritual de seguimento de Jesus segundo o Evangelho de Marcos tem início com a preocupação que está subjacente a esse Evangelho do começo ao fim: a tentativa de responder à pergunta: *Quem é Jesus?* Quem é esse homem extraordinário que cura os doentes, expulsa os demônios, domina a natureza e enfrenta os que se arvoram em donos da religião?

A pergunta fundamental – quem é Jesus – traz no seu bojo outras duas indagações fundamentais: *Quem é o discípulo? Onde e como encontrar o Reino de Deus?* Trata-se, portanto, de compreender a pessoa de Jesus e sua história e, a

---

[1] Mc 1,1.

[2] Mc 1,1.

partir daí, conhecer o projeto existencial que a pessoa de Jesus revela, a fim de descobrir o Reino presente e escondido na história.

O texto de Marcos não quer apenas desvendar o mistério de Jesus; quer, paralelamente, levar o leitor a descobrir seus medos, sua ignorância e suas resistências diante da proposta de Jesus. Dois aspectos vão sendo evidenciados ao longo do Evangelho: a progressiva revelação do mistério de Jesus Cristo e a reação do ser humano diante dessa manifestação. O confronto entre esses dois aspectos torna o Evangelho de Marcos dramático, envolvente, inquietante e atual. Para compreender sua proposta é preciso entrar na sua dinâmica e aderir ao convite de Jesus para segui-lo.

No Evangelho segundo Marcos prevalecem as narrativas dos fatos da vida de Jesus, enquanto os discursos são relativamente poucos. Os fatos do passado têm valor em si mesmos e são importantes para compreender o presente.

Considerado o primeiro catecismo dos catecúmenos, o Evangelho segundo Marcos é uma viagem progressiva, do exterior para o interior do mistério do Reino de Deus,[3] da periferia para o centro do "segredo messiânico", do conhecimento inicial à experiência profunda e pessoal com Jesus.

Com o objetivo de mostrar quem *é Jesus*, Marcos elabora seu Evangelho, tendo como "estrutura geográfica" a realidade do caminho. Jesus inicia sua vida pública caminhando ao encontro de João, na região do Jordão, para ser batizado;[4] segue para a Galileia e arredores[5] e, finalmente, vai para a Judeia, onde, em Jerusalém, será entregue à morte. Ressuscitado,

---

[3]     Cf. Mc 4,11.

[4]     Cf. Mc 1,1-13.

[5]     Cf. Mc 1,14–10,52.

deixa aos discípulos a ordem de voltarem para a Galileia, onde os precederia.[6]

Nesse caminho, Jesus se revela, progressivamente, por meio dos milagres, exorcismos, controvérsias e discursos. Os discípulos o conhecem enquanto o seguem, recolhendo de seus lábios os ensinamentos que deverão pôr em prática em suas vidas. Caminho e seguimento são duas realidades complementares do Evangelho de Marcos.

O Filho de Deus é o centro de toda a obra de Marcos. Três cenas fundamentais marcam esse Evangelho: a teofania do batismo de Jesus: "Tu és meu Filho amado, em ti me comprazo";[7] a transfiguração: "Este é meu Filho amado, ouvi-o";[8] a oração cristológica do Horto das Oliveiras: "Abbá, Pai".[9]

## Quem é Jesus

A pergunta *quem é Jesus* encontra no Evangelho de Marcos uma gama de respostas, todas elas complementares e relacionadas entre si.

Jesus é aquele:

- *de quem João Batista preparou o caminho, o anunciado pelos profetas que irá batizar com o Espírito Santo*: "João se vestia de pelos de camelo e se alimentava de gafanhotos e mel silvestre. E proclamava: 'Depois de mim, vem aquele que é mais forte do que eu, de quem não sou digno de abaixando-me, desatar a correia das sandálias. Eu batizo em água. Ele, porém, vos batizará com o Espírito Santo'".[10]

---

[6]    Cf. Mc 11,1-16.19.

[7]    Mc 11,11.

[8]    Mc 9,7.

[9]    Mc 14,36.

[10]    Mc 1,6-8.

- *sobre quem repousa o Espírito Santo*: "Aconteceu, naqueles dias, que Jesus veio de Nazaré da Galileia e foi batizado por João no rio Jordão. E, logo ao subir da água, ele viu os céus se rasgando e o Espírito, como uma pomba, descer até ele, e uma voz veio dos céus: 'Tu és o meu Filho amado, em ti me comprazo'".[11]

Jesus é aquele que:

- *enfrenta o mal*: "E logo o Espírito o impeliu para o deserto. E ele esteve no deserto quarenta dias, sendo tentado por Satanás; e vivia entre as feras, e os anjos o serviam".[12]

- *inaugura os tempos novos, a novidade definitiva*: "Depois que João foi preso, veio Jesus para a Galileia, proclamando o Evangelho de Deus: 'Cumpriu-se o tempo e o Reino de Deus está próximo. Arrependei-vos e crede no Evangelho'".[13]

- *ensina com autoridade*: "Todos então se admiravam, perguntando uns aos outros: 'Que é isto? Um novo ensinamento com autoridade! Até mesmo aos espíritos impuros dá ordens, e eles lhe obedecem'. Imediatamente sua fama se espalhou por todo o lugar, em toda a redondeza da Galileia".[14]

- *veio para destruir o poder do mal*: "Que queres de nós, Jesus de Nazaré? Vieste para arruinar-nos? Sei quem tu és: o Santo de Deus".[15]

---

[11] Mc 1,9-11.

[12] Mc 1,12-13.

[13] Mc 1,14-15.

[14] Mc 1,27-28.

[15] Mc 1,24.

- *liberta as pessoas*: "E logo ao sair da sinagoga, foi à casa de Simão e André, com Tiago e João. A sogra de Simão estava de cama com febre, e eles imediatamente o mencionaram a Jesus. Aproximando-se, ele a tomou pela mão e a fez levantar-se. A febre a deixou e ela se pôs a servi-los".[16]

- *cura os necessitados e ordena aos demônios que se calem*: "Ao entardecer, quando o sol se pôs, trouxeram-lhe todos os que estavam enfermos e endemoninhados. E a cidade inteira aglomerou-se à porta. E ele curou muitos doentes, de diversas enfermidades, e expulsou muitos demônios. Não consentia, porém, que os demônios falassem, pois eles sabiam quem era ele".[17]

- *reza ao Pai*: "De madrugada, estando ainda escuro, ele levantou-se e retirou-se para um lugar deserto e ali orava".[18]

- *fica indignado com as situações de não vida que existem ao seu redor*: "Um leproso foi até ele, implorando-lhe de joelhos: 'Se queres, tens poder de purificar-me!' Irado, estendeu a mão, tocou-o e disse: 'Eu quero, sê purificado'. E logo a lepra o deixou. E ficou purificado".[19]

- *inaugura uma nova sociedade*: em que "aquele que quer ser o primeiro, deve ser servo de todos";[20] em que "os últimos serão os primeiros e os primeiros serão os últimos".[21]

---

[16] Mc 1,29-31.

[17] Mc 1,32-34.

[18] Mc 1,35.

[19] Mc 1,40-42.

[20] Cf. Mc 10,43.

[21] Cf. Mc 9,31.

- *perdoa os pecados*: "Jesus vendo sua fé, disse ao paralítico: 'Filho, teus pecados te são perdoados'".[22]

Além dessas respostas, encontramos uma que é central: Jesus é aquele que chama para segui-lo:

> Depois que João foi preso, veio Jesus para a Galileia, viu Simão e André, o irmão de Simão. Lançavam as redes ao mar, pois eram pescadores. Disse-lhes Jesus: "Vinde em meu seguimento e eu farei de vocês pescadores de homens". E imediatamente, deixando as redes, eles o seguiram. Um pouco mais adiante, viu Tiago, filho de Zebedeu, e João, seu irmão, eles também no barco, estavam consertando as redes. E logo os chamou. E eles, deixando o pai Zebedeu no barco com os empregados, partiram em seu seguimento.[23]

No Evangelho segundo Marcos, o caminho do discipulado contempla alguns aspectos, como veremos a seguir.

## Itinerário espiritual

A resposta ao chamado de Jesus para segui-lo dá início a um caminho espiritual que se desenvolve em três imperativos relacionados entre si:

- *Fé*: Marcos insiste nas interrogações acerca do mistério de Jesus e acentua a importância da fé. A figura de Jesus é envolta em mistério. As interrogações sem resposta vão se acumulando: "Que é isto?";[24] "Quem é este a quem até o vento e o mar obedecem?";[25] "Não é este

---

[22] Mc 2,5.
[23] Mc 1,14-19.
[24] Mc 1,27.
[25] Mc 4,41.

o carpinteiro, o filho de Maria, irmão de Tiago, Joset, Judas e Simão?".[26] Gradativamente, o(a) discípulo(a) é chamado(a) a fazer seu o grito do centurião: "Verdadeiramente este homem era o filho de Deus".[27]

- *Conversão radical*: o(a) discípulo(a) é convidado(a) a fazer a experiência da iniciativa gratuita de Deus, que provoca uma mudança radical: abrir os olhos, a boca e os ouvidos para reconhecer em Cristo Jesus o verdadeiro rosto de Deus.

- *Confiança total no Mestre*: o(a) discípulo(a) é chamado(a) a caminhar com o Mestre, aprender os seus ensinamentos e traduzi-los na prática da vida.

Nesse processo nasce um novo modo de conceber a existência humana, de orientar as próprias energias e de colocar-se a serviço do Reino. Nasce uma nova humanidade, uma nova família, não mais baseadas nos laços de sangue, mas formadas por todos aqueles que ouvem a Palavra de Deus e a põem em prática.[28]

## 2. Mateus: "Fazei discípulos meus todos os povos"[29]

O quadro de referência para compreender a experiência espiritual do Evangelho segundo Mateus é formado pelo seu início: "Livro da origem de Jesus Cristo, filho de Davi, filho de Abraão";[30] e pela conclusão: "Todo o poder me foi dado no

---

[26] Mc 6,3.

[27] Mc 15,39.

[28] Cf. Mc 3,33-35.

[29] Mt 28,19-20.

[30] Mt 1,1.

céu e sobre a terra. Ide, portanto, e fazei que todas as nações se tornem discípulos, batizando-as em nome do Pai, do Filho e do Espírito Santo e ensinando-as a observar tudo quanto vos ordenei. E eis que eu estou convosco todos os dias, até a consumação dos séculos".[31]

Por conseguinte, a proposta espiritual contida no texto de Mateus pode ser sintetizada no constante convite para tornar-se discípulo e no insistente apelo missionário. O mandato final e a garantia de sua presença[32] só podem ser entendidos a partir do caminho percorrido ao longo desse Evangelho. É um final, mas ao mesmo tempo um novo começo, na continuidade histórica que não se interrompe, mas se fortalece.

O Evangelho segundo Mateus conta a história de Jesus, o Filho de Deus, desde o nascimento, em Belém de Judá, até a ressurreição em Jerusalém. No arco dessa trajetória situam-se a história do seu seguimento e a formação de seus seguidores.

O objetivo do Evangelho segundo Mateus é mostrar que Jesus é o Cristo, por meio da densidade e alteridade de sua vida terrena. A partir desse centro apresenta uma visão de Deus e dos seres humanos à luz do mistério de Jesus.

Para testemunhar a fé no Filho de Deus, o texto segundo Mateus não escolhe a via da argumentação nem da visão, mas mostra a adesão ao Cristo vivo, contando a história de Jesus, numa alternância de narrativas e temas. A transmissão da fé em Jesus não acontece de modo direto e argumentativo, mas de maneira indireta e sugestiva, pela evocação da história de um homem concreto, nascido no império de Augusto e crucificado sob Pôncio Pilatos e ressuscitado ao terceiro dia.

---

[31]  Mt 28,18-20.

[32]  Cf. Mt 28,19-20.

Enquanto revela o ser de Deus, a história de Jesus mostra igualmente o verdadeiro rosto do ser humano, chamado a seguir o Nazareno. A comunidade dos seguidores de Jesus se constitui no serviço aos irmãos, na ajuda aos pequenos e no perdão dos pecados.[33] Jesus é a presença de Deus no meio da comunidade, o Emanuel, o Deus-conosco. Ele é o Deus que oferece alimento ao povo,[34] que assiste os discípulos nos perigos do mar;[35] que leva a superar o mal do mundo, do demônio e do pecado.[36]

## Cumprimento das promessas

Na dinâmica do Evangelho segundo Mateus, é preciso voltar ao passado para compreender o presente e abrir-se ao futuro. Estabelece um elo entre o Primeiro e o Segundo Testamento. O povo de Israel estava a caminho rumo à concretização da promessa. Jesus é a meta e o cumprimento dessa trajetória de esperança aberta pelos profetas. Só é possível compreender a pessoa de Jesus, suas palavras e seus gestos à luz da busca de um mundo novo e da certeza de que Deus está prestes a concretizar suas promessas. Mas, ao mesmo tempo, só em Jesus se esclarece a verdade acerca da esperança de Israel.

O Evangelho de Mateus situa-se na confluência de dois caminhos: a vinda de Jesus e a esperança do povo. A concretização dessas esperanças se realiza no respeito à liberdade. Por isso, em Israel, o povo que esperava o Messias não o aceita na pessoa de Jesus.

---

[33]   Cf. Mt 18.
[34]   Cf. Mt 14,13-21; 15,32-39.
[35]   Cf. Mt 14,22-33.
[36]   Cf. Mt 8,23–9,8.

Essa esperança não diz respeito apenas às realidades deste mundo, mas se projeta para o futuro escatológico. O ser humano vive essa tensão para o futuro e, ao mesmo tempo, se aproxima de sua meta: "Arrependei-vos, pois se aproxima o Reino de Deus".[37] A vida e a mensagem de Jesus tornam-se compreensíveis no horizonte da espera e da confiança do Primeiro Testamento. À luz de Israel, entende-se Jesus Cristo, compreendem-se suas palavras e torna-se clara sua mensagem; ao mesmo tempo, em Jesus Cristo se concretizam as profecias do Primeiro Testamento.

## Etapas do projeto

Depois de escolher seus discípulos, Jesus percorre a Galileia,[38] seguido por uma multidão. Ele propõe o seu projeto que, conforme a comunidade de Mateus, inclui alguns elementos característicos.

- *As bem-aventuranças*: Jesus ensina o caminho da justiça, que consiste essencialmente em uma generosa adesão à vontade do Pai e em deixar-se envolver pessoalmente no seu projeto salvífico, perseverando mesmo diante dos sacrifícios e renúncias. O Mestre revela as tensões e conflitos enfrentados pelos discípulos: "Desse modo perseguiram os profetas que vieram antes de vocês".[39] No Horto das Oliveiras, Jesus se torna símbolo vivente dessa nova e corajosa justiça: "Seja feita a tua vontade".[40]

---

[37] Mt 3,2.

[38] Cf. Mt 5,23.

[39] Cf. Mt 5,1-12.

[40] Cf. Mt 26,42.

- *A prática da justiça:*[41] Jesus envia os discípulos, isto é, todo o povo de Deus, nascido da nova aliança, à missão, a fazer a mesma coisa que ele fez.[42] Sua proposta de salvação tem como conteúdo essencial o amor universal e incondicional. Esse amor que Jesus leva até as últimas consequências, mesmo diante da recusa e do ódio de seus inimigos.[43]

- *O seguimento do Mestre da justiça*[44] comporta: renúncia de si mesmo, ou seja, não deve se deixar contaminar com a ideologia dos fariseus e saduceus; conservar-se pobre; tomar a própria cruz, isto é, aceitar ser rejeitado como o Mestre e, se for o caso, morrer da mesma forma que ele morreu. Felizes os perseguidos por causa da justiça,[45] os que seguem Jesus comprometendo-se com ele, confiando unicamente nele e no Pai, os que seguem Jesus no momento extremo de sua paixão e morte, mas também de sua ressurreição.[46]

- *A justiça do Reino* deve ser realizada em comunidade[47] por meio de três atitudes básicas: trabalhar na realização da justiça;[48] evitar escândalos;[49] perdoar sem limites.[50]

---

[41] Cf. Mt 8–9.

[42] Cf. Mt 10.

[43] Cf. Mt 5,38-47.

[44] Cf. Mt 13,53–17,17.

[45] Cf. Mt 5,11-12.

[46] Cf. Mt 26-27.

[47] Cf. Mt 18.

[48] Cf. Mt 18,1-5.

[49] Cf. Mt 18,6-9.

[50] Cf. Mt18,15-35.

- *A vitória da justiça de Deus e o envio em missão* com o Mestre da justiça.[51] Discípulo-missionário é quem *escuta o* Mestre, pratica os ensinamentos do Mestre e *faz a vontade de Deus.*

Ser discípulo não é apenas seguir Jesus em sua caminhada histórica, mas é a vocação proposta a cada pessoa em todas as épocas e lugares. Discípulo é quem escuta e compreende os ensinamentos do Mestre e faz a vontade de Deus.

## 3. Lucas e Atos: "Hoje nasceu para vós o salvador"[52]

A obra de Lucas relata os acontecimentos sucedidos entre nós,[53] numa dupla obra histórico-religiosa: o *Evangelho* na qual transmite os ensinamentos de Jesus, seu chamado para segui-lo, sua atividade e seu destino; os *Atos dos Apóstolos,* em que narra a atividade missionária dos seguidores de Jesus, suas alegrias, dificuldades e os primórdios da Igreja.

Essa dupla obra de Lucas é um convite a fazer a *experiência da salvação*, que Deus realizou na história da humanidade por meio de seu *Filho Jesus em Jerusalém* (Evangelho) e que, a partir de *Jerusalém* (Atos), é oferecida, pela força do Espírito, aos homens e mulheres de todos os tempos e lugares.

Situando-se na confluência das duas culturas: helenista e judaico-cristã, o Evangelho segundo Lucas está estruturado ao redor do mistério pascal, em uma tríplice sequência:

---

[51]   Cf. Mt 28.

[52]   Lc 2,11.

[53]   Cf. Lc 1,1-4.

chamado-anúncio do mistério pascal;[54] indicação do caminho rumo ao mistério pascal;[55] narrativa da sua realização plena.[56]

Lucas apresenta uma visão nova da pessoa de Jesus e da sua vida e missão. Uma das características dessa visão é o sentido e o ritmo da história: o passado representado pelo Primeiro Testamento, o presente centrado na pessoa de Jesus e o futuro que acontece no tempo da Igreja.

## A experiência do caminho

Tanto a primeira parte da obra de Lucas (o Evangelho) como a segunda (os Atos dos Apóstolos) estão redacionalmente alicerçados na estrutura do caminho, que coloca o seguidor numa dinâmica de movimento rumo à parusia. Jesus é o modelo do viandante. Seu caminhar, seguindo a vontade do Pai, o conduz a Jerusalém para passar da paixão e morte à glória da ressurreição.

A estrada que leva à Jerusalém é símbolo e, ao mesmo tempo, concretização de toda a história da salvação, pois conduz ao lugar onde se realizarão as profecias acerca de Jesus, o servo fiel e profeta rejeitado e perseguido.[57] De Jerusalém partirão os primeiros seguidores com a missão de pregar o Evangelho até os confins do universo.

Na obra de Lucas, o ministério de Jesus e a atividade da Igreja estão permeados de um movimento constante ditado pelos limites do espaço e pelo ritmo do tempo, conferindo à narrativa um caráter de história bem organizada.[58] A Galileia, a Judeia, a

---

[54] Cf. Lc 1,5–9,50.

[55] Cf. Lc 9,51–19,27.

[56] Cf. Lc 19,28–24,55.

[57] Cf. Lc 9,51; 13,31-34.

[58] Cf. Lc 1,3.

Samaria, Jerusalém e os confins da terra são etapas fundamentais de um caminho que perpassa a missão de Jesus e da Igreja.

O ministério de Jesus compreende um início na Galileia, um caminho por toda a Judeia e um cumprimento em Jerusalém com a sua ascensão ao céu. O movimento vertical descendente, que dá origem ao caminho histórico de Jesus, corresponde ao movimento ascendente que conclui sua vida terrena, passando do sofrimento e da morte para a exaltação.

O caminho de Jesus prossegue no caminho da Igreja. Como Jesus, também os missionários cristãos vão de um lugar ao outro, percorrem as regiões e estão a caminho. O movimento da vida da Igreja tem como ponto de partida a ascensão. Parte de Jerusalém e vai até os confins da terra, passando pela Samaria e termina na parusia do Senhor.

Pode-se, então, sintetizar afirmando que a obra de Lucas evidencia a matriz histórica da experiência cristã de fé dos seguidores de Jesus, ancorados no processo histórico-salvífico, que tem o seu ponto de partida na criação,[59] o seu centro em Cristo[60] e o seu ponto de chegada na parusia.[61]

## Caminho: escola de discipulado

Para compreender a experiência de discipulado no Evangelho segundo Lucas, é importante situá-lo no contexto do caminho de Jesus para Jerusalém. Lucas faz do caminho de Jesus para Jerusalém um modelo do discípulo fiel e generoso. Como Jesus responde à vontade do Pai, o discípulo deve responder à vontade do Messias e Salvador do mundo. A subida a Jerusalém é um paradigma da vida cristã e da missão apostólica.

---

[59] Cf. Lc 3,38.

[60] Cf. Lc 4,21.

[61] Cf. At 3,21.

Para os seguidores de Jesus, seu caminho para Jerusalém é *escola de discipulado* e, por conseguinte, de experiência de fé. Na narrativa da viagem para Jerusalém, Lucas concentra os ensinamentos de Jesus em relação: ao amor ao próximo,[62] à conversão radical,[63] à oração,[64] ao seguimento de Jesus,[65] à renúncia por causa de Jesus,[66] ao desapego dos bens materiais e à confiança em Deus.[67]

O caminho de Jesus para Jerusalém é também *escola de evangelização*. O relato da viagem de Jesus contém textos de vocação,[68] envio de missionários[69] e avaliação da obra evangelizadora.[70] Esses ensinamentos são uma inegável escola onde se aprende a edificar a Igreja e a levar a termo a missão.

Alguns aspectos marcam as etapas do caminho, segundo a obra de Lucas.

- *O convite à conversão*: é o ponto de partida da experiência espiritual, que leva à decisão de entrar no caminho de Jesus.

- *Encontrar Jesus*: a pessoa pode acolhê-lo, livremente, como Zaqueu[71] ou rejeitar o seu convite como o jovem rico.[72] Todas as categorias de pessoas podem encontrar

---

[62] Cf. Lc 10,25-37.

[63] Cf. Lc 13,1-9.

[64] Cf. Lc 11,1-13; 18.1-14.

[65] Cf. Lc 14,23-33.

[66] Cf. Lc 9,57-62; 15,25-27.

[67] Cf. Lc 12,13-34. SILVA RETAMALES, Santiago. *Discípulos de Jesus e discipulado segundo a obra de Lucas*, pp. 15-17.

[68] Cf. Lc 9,57-62.

[69] Cf. Lc 10,1-16.

[70] Cf. Lc 10,17-24.

[71] Cf. Lc 19,1-10.

[72] Cf. Lc 18,18-30.

Jesus: pobres e ricos, hebreus e samaritanos, fariseus e publicanos. Jesus assume sempre uma atitude crítica, até mesmo quando é convidado a sentar-se à mesa com o fariseu.[73]

- *Experiência do Espírito*: é o dom de Jesus, prometido pelo Pai.[74] Para prosseguir um caminho de fé e assumir o empenho missionário é necessário o dom do Espírito. Ele é o protagonista da salvação e da santificação; ele continua a guiar a comunidade. A história da salvação vem sempre do alto, do céu e retorna ao céu, de onde Jesus retornará na parusia. Jesus e o seu Espírito estão na origem da experiência cristã.

- *Oração*: Lucas revela um aspecto fundamental da pessoa de Jesus: sua atitude orante. Frequentemente, ele reza ao Pai, com intimidade filial, e convida os discípulos(as) a fazerem o mesmo. Respondendo ao pedido dos discípulos, Jesus ensina-lhes o Pai-nosso.[75]

É este caminho de fé que todo cristão é chamado a percorrer, pautando sua experiência espiritual nos ensinamentos de Jesus.

## 4. João: "Vinde e vede"[76]

O prólogo da Primeira Carta de João nos introduz na experiência espiritual típica da tradição joanina:[77]

---

[73] Cf. Lc 7,36-50.

[74] Cf. Lc 24,29.

[75] Lc 11,1-4.

[76] Cf. Jo 1,39.

[77] A tradição atribui ao apóstolo João cinco livros: o quarto evangelho, três epístolas e o *Apocalipse*, que constituem parte importante do Segundo Testamento.

O que era desde o princípio, o que ouvimos, o que vimos com nossos olhos, o que contemplamos, e o que nossas mãos apalparam do Verbo da vida – porque a Vida manifestou-se: nós a vimos e dela vos damos testemunho e vos anunciamos essa Vida eterna, que estava voltada para o Pai e que nos apareceu – o que vimos e ouvimos vô-lo anunciamos para que estejais também em comunhão conosco. E a nossa comunhão é com o Pai e com seu Filho Jesus Cristo. E isto vos escrevemos para que a nossa alegria seja completa.[78]

A obra joanina, e particularmente o Evangelho segundo João, apresenta um caminho testemunhal que parte da experiência histórica de Jesus e conduz à contemplação do amor do Pai, que entrega seu Filho, no Espírito Santo, e convida a permanecer no mistério contemplado. João une a visão do crente à intuição do místico e descobre o significado profundo dos atos e das palavras do Verbo de Deus que armou sua tenda entre nós.[79]

Por conseguinte, o Evangelho segundo João traz o testemunho apostólico de que Jesus é o Messias, para que, crendo nele, a pessoa tenha a vida em seu nome.[80] Esse testemunho apresenta Jesus como o enviado do Pai e o missionário do Pai.

João apresenta a messianidade e a divindade de Jesus, a partir de seu amor filial. Mostra que o amor e a fidelidade de Deus se manifestaram em Jesus de Nazaré, particularmente na entrega de sua vida pela vida do mundo. "Amou-os até o fim",[81] não desistiu de sua prática e de seus ensinamentos, mesmo tendo que enfrentar a morte violenta.

---

[78] 1Jo 1,1-4.

[79] Cf. Jo 1,14.

[80] Cf. Jo 20,31.

[81] Cf. Jo 13,1.

## Estrutura teológica

Três temas constituem os pilares sobre os quais está edificado o Evangelho segundo João: a revelação do amor de Deus ao mundo, por meio do Verbo encarnado; a resposta positiva ou negativa do ser humano a essa manifestação do amor; e o efeito da revelação divina e da fé humana: a vida e a salvação.

Esses três temas estão estritamente interligados e perpassam todo o Evangelho. A revelação divina aparece íntima e intrinsecamente relacionada com a resposta humana e com a salvação. A fé ou a incredulidade tem por objeto o Cristo revelador do Pai, que é acolhido ou rejeitado. A salvação da pessoa depende da revelação de Cristo e da adesão pessoal ao Filho de Deus, isto é, da fé existencial.

Alicerçada nestes três pilares, a estrutura teológica do Evangelho segundo João tem duas linhas mestras: a criação e a Páscoa-Aliança, que se entrelaça do início ao fim da atividade de Jesus.

O tema da criação, no Prólogo,[82] é a chave de interpretação da obra de Jesus e explica uma série de cronologias que aparecem no início do Evangelho, cujo objetivo é fazer coincidir o anúncio e início da atividade de Jesus com o sexto dia, o da criação do ser humano. Evidencia-se, dessa forma, o fato de que a atividade de Jesus tem por objetivo terminar a obra da criação, a qual culminará com a morte na cruz, no sexto dia.

O tema da Páscoa-Aliança é abrangente, inclui não só o êxodo, mas ainda um leque de outros temas ligados a ele. Está relacionado com o título cristológico de Messias, que, como o novo Moisés, realiza o êxodo definitivo e o chamado messiânico ao seu seguimento.

---

[82] Cf. Jo 1,1ss.

## O testemunho de fé

O itinerário espiritual começa no início do Evangelho com o chamado dos primeiros discípulos. Jesus toma a iniciativa e interroga: "Que procurais?".[83] Esta pergunta é um convite para que o discípulo defina a si mesmo e o que quer fazer de sua vida. Ela diz respeito à necessidade fundamental do ser humano que tende para Deus. A resposta dos discípulos: "Mestre, onde moras"[84] deve ser interpretada no mesmo nível teológico: o ser humano quer habitar com Deus, ele busca constantemente fugir da temporalidade, da mutação, da morte, procurando algo que seja duradouro. Jesus responde com um convite global de fé: "Vinde e vede!".[85] Podemos, assim, traçar o itinerário espiritual segundo João a partir de alguns verbos.

- *Ver*: para João, é determinante ver Jesus. Não é apenas um ver físico, mas um ver em profundidade; perceber na pessoa humana de Jesus o mistério de sua filiação divina. A síntese dessa visão é proclamada no Prólogo do Evangelho segundo João: "... e nós vimos a sua glória, glória que ele tem junto ao Pai como Filho único, cheio de graça e de verdade".[86]

- *Escutar*: o discípulo é aquele que escuta a palavra de Jesus. Escutar a palavra de Jesus não é apenas o início da fé, mas é elemento essencial da própria fé. Jesus afirma: "Em verdade em verdade vos digo: quem escuta a minha palavra e crê naquele que me enviou tem a vida eterna".[87] Somente a escuta atenta leva a acolher e a compreender a palavra de Jesus e a entrar em relação pessoal com ele.

---

[83] Cf. Jo 1,38.
[84] Jo 1,38.
[85] Cf. Jo 1,39.
[86] Jo 1,14.
[87] Jo 5,24.

- *Tocar*: as testemunhas de Jesus tocaram Jesus com as próprias mãos.[88] Esse fato evidencia o realismo da encarnação de Jesus e o caráter histórico da experiência espiritual dos discípulos. O próprio Jesus toca os olhos do cego de nascença;[89] na Última Ceia, lava os pés dos discípulos, num gesto de serviço humilde.[90] As pessoas que amam Jesus querem tocá-lo para expressar seu afeto ou para constatar a sua realidade de ressuscitado.

- *Conhecer*: relacionado ao *ver, escutar e tocar*, o conhecimento experiencial é expressão de fé e a fé se manifesta no ato de conhecer. Conhecer Jesus é uma resposta a ele, que nos conhece por primeiro. No episódio de Natanael é Jesus que, por primeiro, demonstra conhecê-lo: "Natanael lhe disse: 'De onde me conheces?'".[91] No espaço aberto pelo conhecimento amoroso, começam o diálogo e o envolvimento, relacionando o conhecer com o escutar: "Eu sou o bom pastor; conheço as minhas ovelhas e as minhas ovelhas me conhecem, como o Pai me conhece eu conheço o Pai [...] elas ouvirão minha voz".[92] Conhecer Jesus é reconhecê-lo como o enviado do Pai.

O caminho espiritual do discípulo chega à plenitude no final, quando Jesus pergunta: "Mulher, por que choras? A quem procuras?".[93] É o itinerário do *ver* ao *crer*, na dinâmica do *entrar*. "Eles foram e viram onde morava, e permaneceram

---

[88] Cf. 1Jo 1,1.

[89] Cf. Jo 9,1-41.

[90] Cf. Jo 13,1-20.

[91] Jo 1,48.

[92] Jo 10,14.16.

[93] Cf. Jo 20,14.

com ele aquele dia".[94] É evidente, desde o começo desse Evangelho, a importância da adesão ao caminho de Jesus, expressa na dinâmica do *entrar*, que se torna uma palavra-chave deste Evangelho.

As etapas do caminho devem ser percorridas sucessivamente, permanecendo unidos a Jesus para dar abundantes frutos,[95] recomeçando sempre de novo e vencendo a tentação de uma mística que não chega a concretizar o *chamado a servir.*

No Segundo Testamento, duas figuras merecem especial destaque, por desempenharem um papel eminente no plano da salvação e viverem, de forma exemplar, o projeto de Jesus: Maria de Nazaré e o apóstolo Paulo.

## 5. Maria: "Eu sou a serva do Senhor"

No Segundo Testamento encontramos poucas referências a Maria, embora sejam muito significativas. Maior e mais intensa, porém, é sua presença e memória na vida da Igreja, desde os seus inícios até hoje. Neste texto trazemos a sequência cronológica dos fatos, as referências a ela em Paulo, nos evangelistas e em Atos. Merece menção especial a primeira referência à mãe de Jesus, que se encontra na carta de Paulo aos Gálatas, quando ele fala da importância da fé em Jesus Cristo; se pertencemos a ele, somos da descendência de Abraão e herdeiros da promessa. Neste contexto, Paulo faz referência a uma mulher, da qual Jesus nasceu: "Quando, porém, chegou a plenitude do tempo, enviou Deus o seu Filho, nascido de uma mulher, nascido sob a lei".[96] Pelos Evangelhos sabemos que

---

[94]    Cf. Jo 1,39.

[95]    Cf. Jo 15,1-17.

[96]    Cf. Gl 4,4.

essa mulher é Maria, a mãe de Jesus. Em Paulo é a única referência ao nascimento do Jesus histórico, da qual decorreram as demais referências à sua Paixão, Morte e sepultamento. O filho de Maria, Jesus, veio *resgatar* os escravos da lei, para torná-los filhos e herdeiros de Deus conforme Romanos 8,15, tempo de graça e libertação. Essa é a plenitude dos tempos, são os tempos messiânicos ou escatológicos, aos quais Paulo faz referência, conforme o indicam também outros textos da Escritura.[97]

De muitos modos ao longo dos séculos, Deus se revelou pelos pais, profetas, sábios, mas o ápice de sua revelação chegou pela encarnação do seu Filho no seio de uma mulher, Maria, como o afirma o escrito aos Hebreus: "Muitas vezes, de modos diversos, falou Deus, outrora, aos Pais, pelos profetas; agora, nestes dias que são os últimos, falou-nos por meio do Filho...". É na plenitude dos tempos que se abrem os últimos tempos, ou os últimos dias, quando Deus nos mandou um mensageiro que não é mais um porta-voz como os profetas que vieram anteriormente, mas é o seu próprio filho amado. Ele é a própria Palavra, que assumiu carne humana no seio de Maria.

Para falar de Maria nada melhor do que dar a palavra aos autores bíblicos, que escreveram sobre ela de forma implícita e explícita. Que eles nos digam como ela foi percebida pelas suas comunidades, e ela mesma partilhe conosco os seus diálogos com Deus e com o seu filho tão querido, escutado e seguido por ela como serva e discípula fiel. Depois dessa visão de conjunto dos textos, que fazem referência a Maria, refletiremos sobre o texto das Bodas em Caná da Galileia.

### Anunciação: no seio de Maria Deus se encarna

Maria entra na história da salvação como a mãe do Messias esperado pelo povo de Deus. Na genealogia de Jesus

---

[97] Cf. Mc 1,15; At 1,7; Rm 13,11; 1Cor 10,11; 2Cor 6,2; Ef 1,10; Hb 1,2; 9,26; 1Pd 1,20.

construída por Mateus, o elenco dos seus antepassados inicia--se com Abraão e termina com "José, o esposo de Maria, da qual nasceu Jesus, chamado Cristo".[98] José, porém, é o pai adotivo e convidado pelo anjo do Senhor a assumir a paternidade legal de Jesus. Mateus escreve:

> A origem de Jesus Cristo foi assim: Maria, sua mãe, comprometida em casamento com José, antes que coabitassem, achou-se grávida pelo Espírito Santo. José, seu esposo, sendo justo e não querendo denunciá-la publicamente, resolveu repudiá-la em segredo. Enquanto assim decidia, eis que o anjo do Senhor manifestou-se a ele em sonho, dizendo: "José, filho de Davi, não temas receber Maria tua mulher, pois o que nela vem gerado foi concebido pelo Espírito Santo. Ela dará à luz um filho e tu o chamarás com o nome de Jesus, pois ele salvará o seu povo dos seus pecados". Tudo isso aconteceu para que se cumprisse o que o Senhor havia dito pelo profeta: "Eis que a virgem conceberá e dará à luz um filho e o chamarão com o nome de Emanuel, o que traduzido significa 'Deus conosco'". José, ao despertar do sono, agiu conforme o Anjo do Senhor lhe ordenara e recebeu em casa sua mulher. Mas não a conheceu até o dia em que ela deu à luz um filho. E ele o chamou com o nome de Jesus.[99]

O evangelista Mateus se apoia no profeta Isaías 7,14 para falar de Maria. O texto de Isaías se refere de uma jovem[100]

---

[98] Mt 1,16; segundo o evangelista Lucas, Maria não aparece na genealogia de Jesus, e ele inicia com o ministério de Jesus e termina em Adão.

[99] Mt 1,18-25.

[100] No original hebraico (*'lmh – almah*) significa jovem, ou mulher jovem já casada, mas que ainda não teve filhos, portanto, não virgem. Os judeus de língua grega traduziram para o grego, o texto hebraico *almah* por *parthenos*, que significa virgem. Mas no texto de Isaías 7,14, no qual se inspira Mateus e Lucas, a tradução exata é jovem.

que conceberia e daria à luz um filho e este, que dela nasceria, seria o Emanuel, o Deus conosco. O profeta está falando da esposa do rei Acaz, mãe de Ezequias, e não de Maria e do seu filho Jesus. É a comunidade de Mateus que no tempo de Jesus, lendo o profeta Isaías, vê nesse texto a jovem Maria e o seu filho, Jesus. Qual era a intenção de Mateus ao retomar o texto de Isaías? Provavelmente tinha uma intenção apologética contra alguns comentários que teriam aparecido a respeito de Maria e do nascimento de Jesus. Por isso, a narrativa mostra de forma clara que José não é o pai de Jesus, "pois o que em Maria foi gerado vem do Espírito Santo". José, como descendente da família de Davi, apenas garantiu a linhagem dinástica de Jesus, que foi chamado de "filho de Davi".

Deus pede a José para acolher Maria como esposa, realizando em sua vida o projeto de Deus, e não os seus projetos, mesmo se fosse inesperado e misterioso, como o fora também para Maria, segundo a narrativa de Lucas:

No sexto mês, o Anjo Gabriel foi enviado por Deus a uma cidade da Galileia, chamada Nazaré, a uma virgem desposada com um varão chamado José, da casa de Davi; e o nome da virgem era Maria. Entrando onde ela estava, disse-lhe: "Alegra-te cheia de graça, o Senhor está contigo!" Ela ficou intrigada com essa palavra e pôs-se a pensar, qual seria o significado da saudação. O Anjo, porém, acrescentou: "Não temas, Maria! Encontraste graça junto de Deus. Eis que conceberás no teu seio e darás à luz um filho, e tu o chamarás com o nome de Jesus. Ele será grande, será chamado filho do Altíssimo, e o Senhor Deus lhe dará o trono de Davi, seu pai; ele reinará na casa de Jacó para sempre, e o seu reinado não terá fim". Maria, porém, disse ao Anjo: "Como é que vai ser isso, se eu não conheço homem algum?" O Anjo lhe respondeu: "O Espírito Santo virá sobre ti e o poder do Altíssimo vai te cobrir com a sua sombra; por isso, o Santo que nascer será chamado Filho de Deus. Também Isabel, tua parenta, concebeu um filho na velhice, e este é o sexto mês para aquela que chamavam de estéril. Para Deus, com efeito, nada é impossível". Disse, então, Maria: "Eu sou a serva do Senhor; faça-se em mim segundo a tua palavra!" E o Anjo a deixou.[101]

Na narrativa do Evangelho de Mateus, José é o protagonista, e na de Lucas é Maria. Em ambas as narrativas o enfoque não recai sobre a esterilidade, como nas narrativas sobre as esposas dos patriarcas, mas sobre a virgindade de Maria. Pela objeção de Maria: "Como é que vai ser isso, se eu não conheço homem algum?". Estudiosos, antigos e modernos da Bíblia, concluem que ela tenha feito um voto de virgindade; isso, todavia, não concorda com os dados do contexto, pois tinha sido prometida em casamento com José, indicando mais uma característica do gênero literário das narrativas de *anunciação* do que um fato. O importante para os autores é afirmar que a concepção foi sem a intervenção do homem e que Maria se colocou totalmente à disposição de Deus, incluída a sua capacidade de gerar. Enfim, os evangelistas querem nos convidar a acreditar na obra de Deus, sem desconfianças, e que Jesus não nasceu de uma iniciativa humana ou de uma proposta de Maria, mas única e exclusivamente pela iniciativa prodigiosa de Deus e do seu Espírito. E a grandeza do menino será a sua condição de sucessor de Davi, rei Messias. Mas a suprema grandeza e a humildade de Maria é deixar Deus agir nela.

## Visitação: na solidariedade de Maria Deus, visitou Isabel

A maternidade de Isabel serve de sinal dado por Deus a Maria, como anúncio do poder divino que já se havia revelado

---

[101] Cf. Lc 1,26-38.

a Abraão e Sara,[102] e aqui é confirmado com a gravidez de Isabel, pois *nada é impossível para Deus*. O encontro das duas mães em sua primeira gravidez proporcionou o encontro misterioso de Jesus com João Batista e o hino de Maria.

O anjo disse a Maria que sua prima Isabel esperava um filho e estava no sexto mês. Ela não pensou duas vezes e dirigiu-se apressadamente à cidade de Judá:[103]

> Naqueles dias, Maria pôs-se a caminho para a região montanhosa, dirigindo-se apressadamente a uma cidade de Judá. Entrou na casa de Zacarias e saudou Isabel. Ora, quando Isabel ouviu a saudação de Maria, a criança lhe estremeceu no ventre e Isabel ficou repleta do Espírito Santo. E Isabel, com um grande grito, exclamou: "Bendita és tu entre as mulheres e bendito é o fruto de teu ventre! Donde me vem que a graça do meu Senhor me visite? Pois, quando tua saudação chegou aos meus ouvidos, a criança estremeceu de alegria em meu ventre. Feliz aquela que creu, pois o que lhe foi dito da parte do Senhor será cumprido".[104] E como resposta à saudação de Isabel, Maria, então, disse: "Minha alma engrandece o Senhor, e meu espírito exulta em Deus meu Salvador, porque olhou para a humilhação de sua serva. Sim! Doravante as gerações todas me chamarão de bem-aventurada, pois o Todo-Poderoso fez grandes coisas em meu favor. Seu nome é Santo e sua misericórdia perdura de geração em geração, para aqueles que o temem. Agiu com a força de seu braço, dispersou os homens de coração orgulhoso. Depôs poderosos de seus tronos, e a humildes exaltou. Cumulou de bens a famintos e despediu

---

[102] Cf. Gn 18,14.

[103] Esta cidade é hoje identificada, preferencialmente, com Ain Karin, que fica a 6 km a oeste de Jerusalém.

[104] Cf. Lc 1,39-45.

ricos de mãos vazias. Socorreu Israel, seu servo, lembrado de sua misericórdia, conforme prometera a nossos pais, em favor de Abrão e de sua descendência para sempre!"[105]

Maria não se fecha na alegria de ter sido escolhida para ser a mãe do Salvador, mas partiu apressadamente ao encontro de sua prima Isabel, para ajudá-la nos afazeres da casa e lhe dar uma ajuda para cuidar do pequeno João. Repare que ele é o anunciado pelo anjo e é chamado antes de nascer, como o profeta Jeremias: "Antes mesmo de te formar no ventre materno, eu te conheci; antes que saísses do seio, eu te consagrei... ...".[106] É ele quem vai preparar depois a manifestação pública de Jesus. A solidariedade de Maria não só se traduz em gestos concretos para com a sua prima necessitada, mas possibilita também o encontro do Deus da vida, que está se formando no seu seio, com João ainda no seio de Isabel. O encontro entre duas mulheres que reconhecem a ação maravilhosa de Deus em suas vidas e que contagia o fruto que ambas carregam, no sacrário onde a vida é gestada. Maria e Isabel testemunham para nós que é possível transformarmos nossos encontros com Deus, com as pessoas, conosco mesmos e com o universo em encontros geradores de vida. Dessa forma a nossa fé, a nossa prática solidária, a nossa caridade só pode ser verdadeira porque é altruísta, generosa, sem interesse, imbuída de simpatia e amor pelos outros como foi a de Maria.

Maria dirige o seu canto de louvor a Deus, reconhecendo nela e na história do seu povo a ação salvífica de Deus no espírito messiânico das bem-aventuranças. E a ela felicitarão[107] todos os que reconhecerem esses valores. Maria é a ser-

---

[105]  Lc 1,46-56.

[106]  Cf. Jr 1,5; Is 49,1.

[107]  Cf. Gn 30,13; Ct 6,9.

va que representa Israel, servo desvalido e socorrido por Deus. Muitas reminiscências e citações do Primeiro Testamento formam o hino de Maria. [108]

## Nascimento: A Palavra se fez carne em Maria

O evangelista Mateus não narra o nascimento de Jesus, mas cita Isaías 7,14 para falar da realização das promessas de Deus ao seu povo:

> Eis que uma virgem conceberá e dará à luz um filho e o chamarão com o nome de Emanuel, o que traduzido significa: Deus está conosco. José, ao despertar do sonho, agiu conforme o anjo do Senhor lhe ordenara e recebeu em casa sua mulher. Mas não a conheceu até o dia em que deu à luz um filho. E ele o chamou com o nome Jesus. [109]

A expectativa messiânica no tempo de Jesus não é unívoca. Havia quem o esperasse como rei da descendência de Davi, outros como sacerdote, outros como Messias, outros ainda viam nele o Servo Sofredor de Isaías. Maria e José também tinham a sua expectativa, como uma chegada gloriosa e extraordinária. Pouco a pouco foram percebendo que os caminhos do Senhor não são os nossos. Eles, como nós, são chamados a acolherem o projeto de Deus em suas vidas e tornam-se responsáveis pela educação de Jesus nas tradições do seu povo. O evangelista Lucas faz uma descrição mais detalhada, falando sobre o local onde foi feito o recenseamento, a cidade onde Jesus nasceu e as condições precárias, mesmo que a narrativa seja breve e singela:

---

[108] Cf. Do cântico de Ana (1Sm 1–2), toma o tema básico da maternidade: 2,5; as duplas: poderoso e humildes, ricos e pobres: 2,5.7.8; a reviravolta da situação, a alegria da celebração: 2,1; a santidade de Deus: 2,2; atenção para a humildade ou humilhação: 1,1; o Deus de Israel: 1,17.

[109] Mt 1,22-25.

Naqueles dias, apareceu um edito de César Augusto ordenando o recenseamento de todo o mundo habitado. Esse recenseamento foi o primeiro, enquanto Quirino era governador da Síria. E todos iam se alistar, cada um na própria cidade. Também José subiu da cidade de Nazaré, na Galileia, para a Judeia, à cidade de Davi, chamada Belém, por ser da casa e da família de Davi, para se inscrever com Maria, desposada com ele, que estava grávida. Enquanto lá estavam, completaram-se os dias para o parto e ela deu à luz o seu filho primogênito, envolveu-o com faixas e reclinou-o numa manjedoura, porque não havia para eles um lugar na sala.[110]

O Messias nasce como todo ser humano, do seio de uma mulher, mais pobremente do que a maioria: "Por nós tornou--se pobre, para nos enriquecer com a sua pobreza".[111] Nasce em Belém, numa manjedoura, e pode tratar-se também de uma casa semiescavada numa rocha ou de uma gruta adaptada como moradia, como uma habitação familiar e um recinto contíguo como estábulo, na cidade de origem de Davi,[112] como súdito do imperador romano César Augusto (30 a.E.C. a 14 E.C.). Jesus é o primogênito, sem necessariamente supor que haja outros, pois indica uma qualidade legal.[113] Segundo Lucas este fato tornou-se conhecido, antes de tudo, aos pobres e humildes, os pastores.

## Visita dos pastores e magos: "Nasceu-vos o Salvador"

Na mesma região havia uns pastores que estavam nos campos e que durante as vigílias da noite montavam guarda a seu

---

[110] Cf. Lc 2,1-20.

[111] Cf. 2Cor 8,9; Gl 4,4.

[112] Cf. 1Sm 16; Mq 5,2.

[113] Cf. Ex 13,2; Dt 21,15-17; Rm 8,29; Cl 1,15; Ap 1,5.

rebanho. O Anjo do Senhor apareceu-lhes, a glória do Senhor envolveu-os de luz, e ficaram tomados de grande temor. O Anjo, porém, disse-lhes: "Não temais! Eis que vos anuncio uma grande alegria, que será para vós e para todo o povo: Nasceu--vos hoje um Salvador, que é o Cristo-Senhor, na cidade de Davi. Isto vos servirá de sinal; encontrareis um recém-nascido envolto em faixas, deitado numa manjedoura". E de repente, juntou-se ao anjo uma multidão do exército celeste a louvar a Deus dizendo: "Glória a Deus no mais alto dos céus e paz na terra aos homens que ele ama!" Quando os anjos os deixaram, em direção ao céu, os pastores disseram entre si: "Vamos já a Belém e vejamos o que aconteceu e que o Senhor nos deu a conhecer". Foram, então, às pressas, e encontraram Maria, José e o recém-nascido deitado na manjedoura. Vendo-o, contaram o que lhes fora dito a respeito do menino; e todos os que os ouviam ficavam maravilhados com as palavras dos pastores. Maria, contudo, conservava cuidadosamente todos esses acontecimentos e os meditava em seu coração. E os pastores voltaram, glorificando e louvando a Deus por tudo o que tinham visto e ouvido, conforme lhes fora dito.[114]

A razão da alegria dos anjos é: "Nasceu-nos um menino", e isso suscitou uma glória luminosa, alegria e paz, porque ele é o Salvador. É festa! Tudo isso contagia também os pastores, gente simples sem preconceitos, receptiva para a mensagem; tudo isso se passa à margem da corte e das autoridades. O sinal que os anjos ofereceram aos pastores é de um menino recém-nascido na pobreza e na humildade. Esta é a Boa-Notícia que eles vão averiguar, depois de terem vencido o temor da revelação sobrenatural, e lá comprovaram os fatos; ao mesmo tempo, as palavras dos anjos revelam também o sentido dos

---

[114] Lc 2,8-20.

fatos. A atitude de Maria é a de conservar na memória as palavras que ouviu e meditá-las em seu coração. Maria é o modelo dos cristãos, Igreja povo de Deus, que contempla os mistérios da vida de Cristo. Maria e José se alegram por aquilo que os pastores falaram do menino e pelos dons que eles e os reis magos ofereceram. Eles acolheram com alegria esses sinais de Deus, que os encorajaram e confortaram. Mateus não fala da visita dos pastores, mas apresenta a visita dos três reis magos:

> Tendo Jesus nascido em Belém da Judeia, no tempo do rei Herodes, eis que vieram magos do Oriente à Jerusalém, perguntando: "Onde está o rei dos Judeus, recém-nascido? Com efeito, vimos sua estrela no céu surgir e viemos homenageá-lo". Ouvindo isso, o rei Herodes ficou alarmado e com ele toda a Jerusalém. E, convocando todos os chefes dos sacerdotes e os escribas do povo, procurou saber deles onde havia de nascer o Cristo. Eles responderam: "Em Belém da Judeia, pois é isto que foi escrito pelo profeta: 'E tu, Belém, terra de Judá, de modo algum és o menor entre os clãs de Judá, pois de ti sairá um chefe que apascentará Israel, o meu povo'". Então Herodes mandou chamar secretamente os magos e procurou certificar-se com eles a respeito do tempo em que a estrela tinha aparecido. E, enviando-os a Belém, disse-lhes: "Ide e procurai ter informações exatas a respeito do menino e, ao encontrá-lo, avisai-me, para que também eu vá homenageá-lo". A essas palavras do rei, eles partiram. E eis que a estrela que tinham visto no céu surgir ia à frente deles, até que parou sobre o lugar onde se encontrava o menino. Eles, revendo a estrela, alegraram-se imensamente. Ao entrar na casa, viram o menino com Maria, sua mãe, e, prostrando-se, o homenagearam. Em seguida, abriram seus cofres e ofereceram-lhe presentes: ouro, incenso e mirra. Avisados em sonho que não voltassem a Herodes, regressaram por outro caminho em sua região.[115]

---

[115] Mt 2,1-12.

Herodes, o grande (37-04 a.E.C.), é o rei da Judeia, um idumeu estrangeiro, nomeado e protegido pelo senado romano. Por isso, é visto como ilegítimo por parte da população. Enquanto Jesus nasce na cidade de Belém, é descendente da família real, potencialmente um sucessor legítimo.[116] Herodes sente-se ameaçado e Jesus se torna um rival perigoso, que precisa ser eliminado. Mas a astúcia maligna de Herodes é vencida pelo sinal da estrela e pela fidelidade dos reis magos a Jesus. Os magos trazem o tributo dos pagãos ao rei menino.[117] Para os Padres da Igreja, os presentes carregam um simbolismo: o ouro a realeza, o incenso a divindade e a mirra a paixão de Jesus Cristo, bebida que lhe é oferecida mais tarde sob a cruz. A adoração dos magos é vista pelas Escrituras como o cumprimento dos oráculos messiânicos: eles representam as nações que prestaram ao Deus de Israel sua homenagem.[118] Ele se submete em tudo às tradições do seu povo, como a circuncisão.

## Circuncisão: o sinal da aliança

> Quando se completaram os oito dias para a circuncisão do menino, foi-lhe dado o nome de Jesus, conforme o chamou o anjo, antes de ser concebido.

O pai levava o menino ao templo para ser circuncidado ao oitavo dia, o que indicava cumprimento pleno da lei. A circuncisão[119] é sinal da promessa e da aliança de Deus com o

---

[116] Cf. Am 9,11; Ez 37,24, Jr 30,9; 33,15.

[117] Cf. Is 60,6; Zc 8,20-22; Sl 72,10-15; 102,13.

[118] Cf. Nm 24,17; Is 49,23; 60,5s; Sl 72,10-15.

[119] A circuncisão consistia na extirpação do prepúcio, ou seja, da pele que recobre a ponta do pênis, órgão genital masculino. Muitos povos o praticam simplesmente como uma prática de higiene e não tem um sentido ritual e teológico, como na tradição israelita.

seu povo e torna-se lei para Israel.[120] Jesus nasce sob a lei, mas não é a lei que salva, e sim é ele quem salva, como o expressa o significado do seu próprio nome: o Salvador.

## Apresentação no templo: "Uma espada transpassará tua alma"

Quando se completaram os dias para a purificação deles, segundo a Lei de Moisés, levaram-no a Jerusalém, a fim de apresentá-lo ao Senhor, conforme está escrito na lei do Senhor: *Todo macho que abre o útero será consagrado ao Senhor*, e para oferecer em sacrifício, como vem dito na Lei do Senhor, *um par de rolas ou dois pombinhos*. E havia em Jerusalém um homem chamado Simeão que era justo e piedoso; ele esperava a consolação de Israel e o Espírito Santo estava nele. Fora-lhe revelado pelo Espírito Santo que não veria a morte antes de ver o Cristo do Senhor. Movido pelo Espírito ele veio ao templo, e quando os pais trouxeram o menino Jesus para cumprir as prescrições da Lei a seu respeito, ele o tomou nos braços e bendisse a Deus dizendo: "Agora, Soberano Senhor, podes despedir em paz o teu servo, segundo a tua palavra; porque meus olhos viram a tua salvação, que preparaste em face de todos os povos, luz para iluminar as nações e glória de teu povo, Israel". Seu pai e sua mãe estavam admirados com o que diziam dele. Simão abençoou-os e disse a Maria, sua mãe: "Eis que esse menino foi posto para a queda e para o soerguimento de muitos em Israel, e como um sinal de contradição – e a ti, uma espada transpassará a tua alma! – para que se revelem os pensamentos de muitos corações". Havia também uma profetisa chamada Ana, de idade muito avançada, filha de Fanuel, da tribo de Aser. Após a virgindade, vivera sete anos com o

---

[120]  Lv 12,3.

marido; ficou viúva e chegou aos oitenta e quatro anos. Não deixava o Templo, servindo a Deus dia e noite com jejuns e orações. Como chegasse nessa mesma hora, agradecia a Deus e falava do menino a todos os que esperavam a libertação de Jerusalém. Terminado de fazer tudo conforme a Lei do Senhor, voltaram à Galileia, para Nazaré, sua cidade. E o menino crescia, tornava-se robusto, enchia-se de sabedoria; e a graça de Deus estava com ele.[121]

Para Simeão, ver significa ter nos braços o menino, desfrutar de sua salvação porque ele é o Salvador, e agora pode morrer tranquilo. Lucas coloca uma mulher, Ana, ao lado de um homem, Simeão, e ambos reconhecem que o menino veio para o resgate de Jerusalém.[122]

Maria suportará em sua vida o destino doloroso não só de seu filho, mas também de seu povo; por isso, é verdadeira filha de Sião. Com o seu filho ela estará no âmago dessa contradição, pela qual os corações deverão revelar-se a favor ou contra Jesus.

## A fuga e o retorno do Egito: Maria e José em defesa da vida

Após a partida dos magos, eis que o anjo do Senhor manifestou-se em sonho a José e lhe disse: "Levanta-te, toma o menino e sua mãe e foge para o Egito…",[123] e por lá permaneceram até a morte de Herodes, para que se cumprisse o que dissera o Senhor por meio do profeta: "Do Egito chamei o meu filho". Quando Herodes se deu conta de que fora enganado pelos

---

[121] Cf. Lc 2,22-40.

[122] Cf. Is 52,9; 49,26; 54,5; 60,16.

[123] Cf. Mt 2,13-18.

magos, ficou muito irado e mandou matar os meninos de dois anos para baixo. Então, cumpriu-se o que o profeta Jeremias havia dito: "Ouviu-se uma voz em Ramá, choro e grande lamentação: Raquel chora seus filhos e não quer consolação, porque eles já não existem". Quando Herodes morreu, eis que o anjo do Senhor manifestou-se em sonho a José, no Egito, e disse: "Levanta-te, toma o menino e sua mãe e vai para a terra de Israel, pois os que buscavam tirar a vida do menino já morreram".[124]

José e Maria novamente aceitam os caminhos do Senhor e se confiam a ele, também quando os acontecimentos vêm na contramão de seus desejos. Eles retornaram com o menino a Nazaré, na Galileia.

## A vida em Nazaré: o ver além das aparências

Em Nazaré a família vive como todas as demais famílias: as tradições familiares, de convivência, de trabalho, na participação da vida social, comunitária e religiosa. Diz o evangelista Lucas que: "O menino crescia, tornava-se robusto, enchia-se de sabedoria; e a graça de Deus estava com ele".[125] Era um menino como os demais meninos aos olhos de José e Maria, mas eles continuam acreditando nas palavras do Anjo: "Ele será grande, será chamado filho do Altíssimo... o Santo que nascer será chamado Filho de Deus".

São chamados a acreditar no extraordinário do ordinário. Esse é o grande mistério no qual temos dificuldade de mergulhar, pois os pensamentos de Deus não são os nossos pensamentos, o seu modo de agir não é o nosso. José e Maria acreditam como Abraão, além das aparências.

---

[124] Cf. Mt 2,19-23.
[125] Lc 2,40; 1,31-35.

## Jesus entre os doutores no templo: a vontade do Pai acima de tudo

A última referência a Maria na fase da infância de Jesus é quando José e ela o encontram no templo, e ela chama atenção dele:

> Seus pais iam todos os anos a Jerusalém para a festa da Páscoa. Quando o menino completou doze anos, segundo o costume, subiram para a festa. Terminados os dias, voltaram, mas o menino Jesus ficou em Jerusalém, sem que seus pais o notassem. Pensando que estivesse na caravana, andaram o caminho de um dia, e puseram-se a procurá-lo entre os parentes e conhecidos. E não o encontrando, voltaram à Jerusalém à sua procura. Três dias depois, eles o encontraram no Templo, sentado em meio aos doutores, ouvindo-os e interrogando-os; e todos os que o ouviram ficaram surpresos. E sua mãe lhe disse: "Meu filho, por que agiste assim conosco? Olha que teu pai e eu 'aflitos' te procurávamos". Ele respondeu: "Por que me procuráveis? Não sabíeis que devo estar na casa do meu Pai?" Eles, porém, não compreenderam a palavra que ele lhes dissera. Desceu, então, com eles para Nazaré, e era-lhes submisso. Sua mãe, porém, conservava a lembrança dos fatos em seu coração. E Jesus crescia em sabedoria e graça diante de Deus e diante dos homens.[126]

Jesus completa a maioridade com doze para treze anos, quando o menino já tem condições de assumir as obrigações da lei, cuja marca inicial ele recebeu na circuncisão; mas agora ele recebe a lei. Jesus, cheio de sabedoria e graça, dá uma lição aos pais, contrastando com as duas paternidades: a divina e a humana. Jesus é filho carnal de Maria, e por essa relação ele

---

[126] Cf. Lc 2,41-52.

está fisicamente ligado à humanidade e a Maria pela afeição e pela submissão filial. Ao mesmo tempo Jesus é filho legal de José, pelo qual fica registrado oficialmente como descendente de Davi. E sua relação com José é relativizada e submetida à relação de Jesus com o Pai celeste.

## Os parentes de Jesus: "Quem são minha mãe, irmãs e irmãos?"

Enquanto Jesus pregava a uma multidão que estava sentada ao seu redor, alguém o avisa: "Eis que tua mãe, teus irmãos e tuas irmãs estão lá fora e te procuram". Jesus não se levanta para ir ao encontro deles, antes lança uma pergunta: "Quem é minha mãe e meus irmãos?". Ele continua sentado, repassando com o olhar os que estavam ao seu redor, e diz: "Eis a minha mãe e os meus irmãos. Quem fizer a vontade de Deus, esse é meu irmão, irmã e mãe".[127] Jesus relativiza o parentesco dos laços de sangue e chama atenção para aqueles que não só ouvem as Palavras, mas também as praticam como vontade de Deus. Se consideramos um privilégio Maria ser a mãe de Jesus, privilégio igual vive quem faz o que ela fez: viver os ensinamentos do seu filho Jesus, isto é, realizar a vontade de Deus.

A outra menção à mãe de Jesus no Evangelho de Marcos traz o seu nome e aparece num contexto de desconfiança de seus concidadãos, que se admiraram de sua sabedoria e ficaram sabendo dos milagres que Jesus havia realizado e se perguntavam: "Não é este o carpinteiro, o filho de Maria, irmão de Tiago, Joset, Judas e Simão? E as suas irmãs não estão aqui entre nós? E estavam chocados por sua causa".[128] Na visão do seu povo, sua imagem de Messias e Profeta não se

---

[127] Mc 3,31-35; cf. paralelos de: Mt 12,46-50; Lc 8,19-21.

[128] Mc 6,1-6; cf. paralelos em: Mt 13,53-58; Lc 4,16-30.

enquadrava com os antecedentes familiares e profissionais de Jesus: "Ele vem de Nazaré. De lá pode vir alguma coisa boa?" (Jo 1,46). Depreciativamente perguntam: "Não é este o filho do carpinteiro?". Suas mãos de artesão agora são instrumentos de poder? Pois sabiam que ele não havia frequentado nenhuma escola rabínica da época e que autoridade teria de estar ensinando e realizando milagres? Os pais eram gente simples como eles.

## *Aos pés da cruz: "Eis a tua mãe"*

Apenas o evangelista João coloca a presença de Maria aos pés da cruz de Jesus. Com ela estão outras duas Marias, a mulher de Cleopas e Madalena. Elas representam a parte do povo de Israel que permaneceu fiel a Jesus até a morte, o suplício supremo. O filho, antes de morrer, assegura um destino à sua mãe viúva, a casa de um amigo leal:

> Perto da cruz de Jesus, permaneciam de pé sua mãe, a irmã de sua mãe, Maria, mulher de Cleopas, e Maria Madalena. Jesus, então, vendo a sua mãe e, perto dela, o discípulo a quem amava, disse à sua mãe: "Mulher, eis teu filho!" Depois disse ao discípulo: "Eis a tua mãe!" E a partir daquela hora, o discípulo a recebeu em sua casa.[129]

Aqui a fé de Maria atinge o seu ápice. Debaixo de seus olhos está o filho humilhado, flagelado, ensanguentado, machucado, que ela havia gerado, educado. E ele só havia feito o bem a todos e, sobretudo, aos pobres, doentes, marginalizados da vida. Ali no calvário morrendo pela humanidade. Maria é novamente convidada a acreditar que Deus não falha e que os seus planos se realizam. É Maria quem pode nos entender e

---

[129] Cf. Jo 19,25-27.

acolher o nosso lamento, nas horas em que a fé se torna noite escura. Ela pode nos ajudar a confiar contra todas as evidências humanas.

## Maria em oração com os apóstolos

Nos Atos dos Apóstolos,[130] encontramos Maria animando e confortando a Igreja nascente após a ascensão do Senhor:

> Então, do monte chamado das Oliveiras, voltaram a Jerusalém. A distância é pequena: a de uma caminhada de sábado. Tendo entrado na cidade, subiram à sala de cima, onde costumavam ficar. Eram Pedro e João, Tiago e André, Filipe e Tomé, Bartolomeu e Mateus; Tiago filho de Alfeu, e Simão, o zelota; e Judas, filho de Tiago. Todos estes unânimes, perseveravam na oração com algumas mulheres, entre as quais Maria, a mãe de Jesus, e com seus irmãos.

A tarefa principal é a oração em comum, que reunia as primeiras comunidades, nas igrejas domésticas, também para a fração do pão, a comunhão fraterna e o ensinamento dos apóstolos. Maria está entre as mulheres que o acompanharam por toda a parte, da Galileia à Judeia: "Elas o seguiam e serviam enquanto esteve na Galileia. E ainda muitas outras que subiram com ele para Jerusalém".[131]

Encontramos poucas referências a Maria, ao longo de todos os Evangelhos, mas com certeza ela esteve presente em muitos momentos e terá escutado as pregações do seu filho, acompanhando os sinais que realizava a favor do seu povo, sobretudo, dos pobres e marginalizados. Viveu com ele, sem

---

[130] Cf. At 1,12-14.

[131] Cf. Mc 15,40-41. Confira os paralelos de: Mt 27,45-54; Lc 23,44-47; Jo 19,28-30.

dúvida, momentos difíceis de incompreensão, de sofrimento, mas também muitas alegrias por ver e ouvir falar das maravilhas que Deus operava nele pela ação do Espírito Santo.

Reservamos para o final de nossas considerações sobre Maria de Nazaré o texto das Bodas em Caná da Galileia. Com ele apresentamos tudo o que foi escrito sobre a presença de Maria, nos escritos canônicos do Segundo Testamento. Todos esses textos são como pérola preciosa que se conserva não só nos escritos, mas, sobretudo, no coração de cada filho e filha de Maria.

## As Bodas em Caná: a revelação da pessoa de Jesus

O Evangelho de João parece revelar como intenção básica a proclamação da fé em Jesus, para despertar a fé de outros ouvintes ou leitores. Em alguns momentos, o seu autor chega a posições radicais, como: "Quem nele crê não é julgado; quem não crê, já está julgado, porque não creu no Nome do Filho único de Deus" (Jo 3,18). Assim como no livro do Deuteronômio,[132] a observância ou não da lei de Deus é o parâmetro para viver ou morrer: "Hoje convoco o céu e a terra contra vós; ponho diante de ti a bênção e a maldição, escolhe a vida e viverás tu e tua descendência... E se não escolheres a vida, morrerás". Do mesmo modo em João, a vida ou a morte se decide diante de Jesus: por ele ou contra ele, crer ou não crer. Para compreender o Evangelho de João é preciso mergulhar no mundo simbólico do Primeiro Testamento: luz, água, casamento, vinho, trabalho, pastor, pomba, palavra etc. Abre-se também aos personagens importantes como Abraão, Moisés, Davi e outros, mas acima de tudo a sua identificação com "Eu sou", fórmula aplicada a Deus, com a qual Jesus se identifica.

---

[132] Cf. Dt 29–30.

Em grandes linhas podemos apresentar o Evangelho de João em duas grandes partes: o *livro dos sinais*, de Jo 2 a 12, e o *livro da hora,* de 13 a 20, além da Introdução com o prólogo[133] e a conclusão com as aparições em Jo 21. O texto sobre o qual vamos refletir situa-se na primeira parte, o livro dos Sinais, e corresponde ao primeiro sinal que Jesus realiza. É a transformação da água em vinho nas Bodas em Caná da Galileia.[134]

Maria percebe todo o movimento da festa,[135] a preocupação dos noivos que veem os convidados chegando, já que a festa ainda não chegou ao final, e o vinho está faltando. Ela deseja ajudar na solução desse problema e acredita na força de Deus latente em Jesus; então, ela recorre ao filho na plena confiança de que será atendida. É a pressa que todos temos ao fazermos o pedido de uma graça de que necessitamos, e o seu alcance não está em nossas mãos. A leitura do texto favorecerá melhor a sua compreensão:

No terceiro dia, houve um casamento em Caná da Galileia e a mãe de Jesus estava lá. Jesus foi convidado para o casamento e os seus discípulos também. Ora, não havia mais vinho, pois o vinho do casamento havia acabado. Então a mãe de Jesus lhe disse: "Eles não têm mais vinho". Respondeu-lhe Jesus: Que queres de mim, mulher? Minha hora ainda não chegou". Sua mãe disse aos serventes: "Fazei tudo o que ele vos disser". Havia ali seis talhas de pedra para a purificação dos judeus,

---

[133] Cf. Jo 1,1-18.

[134] Cf. os outros seis sinais no Evangelho de João: *segundo sinal*, a cura do filho do funcionário do rei (Jo 4,46-54); *terceiro sinal*, Jesus cura o paralítico (Jo 5,1-18); *quarto sinal*, a multiplicação dos pães (Jo 6,1-15); *quinto sinal*: Jesus caminha sobre as águas; *sexto sinal*: o cego de nascença (Jo 9,1-34); *sétimo sinal*: a ressurreição de Lázaro (Jo 11,1-27).

[135] Jo 2,1-11.

cada uma contendo de duas a três medidas. Jesus lhes disse: "Enchei as talhas de água". Eles as encheram até a borda. Então, lhes disse: "Trazei agora e levai ao mestre-sala". Eles levaram. Quando o mestre-sala provou da água transformada em vinho, ele não sabia de onde vinha, mas o sabiam os serventes que haviam retirado a água; chamou o noivo e lhe disse: "Todo homem serve primeiro o vinho bom e, quando os empregados já estão embriagados, serve o inferior. Tu guardaste o vinho bom até agora!". Esse princípio dos sinais Jesus o fez em Caná da Galileia e manifestou a sua glória, e os seus discípulos creram nele. Depois disso, desceram a Cafarnaum, ele, sua mãe, seus irmãos e seus discípulos, e ali ficaram apenas alguns dias (Jo 2,1-12).

Em Caná da Galileia, numa festa de casamento, Jesus deu início aos "sinais" messiânicos, manifestou a glória de Deus. Foi no terceiro dia, na hora certa; em Caná essa hora havia chegado. João ressalta mais o lado miraculoso e místico do que os demais evangelistas. Por isso, Orígenes chama esse Evangelho de espiritual. Nele, pouco aparece a dimensão humana da pessoa de Jesus, e mais o seu lado divino, como, por exemplo, Jesus já conhece tudo de antemão.

A escolha recaiu sobre as Bodas em Caná da Galileia do Evangelho de João, seja pela presença, seja pela atuação de Maria nessa festa de casamento. Ela exerce um papel importante e com autoridade, pois rompe o silêncio do filho e coloca os servos a serviço de Jesus. Maria é a mãe do noivo: "Com a coroa que lhe cingiu sua mãe, no dia de seu casamento, dia de festa de seu coração",[136] segundo a tradição bíblica e o simbolismo do casamento de Caná. O Matrimônio no Primeiro Testamento é com frequência usado como símbolo do amor de

---

[136] Cf. Ct 3,11; Sl 45,10; 1Rs 1,16.28; Jr 22,26.

Deus pela comunidade de Israel, muitas vezes personificada pela Jerusalém: "Como o jovem desposa uma virgem, assim te desposará o teu edificador. Como a alegria do noivo pela sua noiva, tal será a alegria que teu Deus sentirá em ti".[137] No Segundo Testamento é símbolo da união de Cristo com sua Igreja: "Esse símbolo é magnífico, e eu o aplico a Cristo e à Igreja. Cristo amou a Igreja e se entregou por ela".[138] O vinho é dom do amor: "Tua boca é um vinho generoso"[139] e se anuncia como dom messiânico: "Plantarão vinhedos e beberão de seu vinho".[140] Mas o casamento de Jesus com a Igreja não é simbolizado como tempo presente, pois não chegou a hora, aqui entendido como o momento da paixão e da glorificação.[141]

## Ao terceiro dia: o tempo do *kairós*

No terceiro dia, depois do chamado de Filipe e Natanael[142] por Jesus, houve a festa das bodas. Outros pensam que poderia também se referir de forma simbólica e implícita ao terceiro dia da ressurreição de Jesus. O fato é que esse é um tempo especial, o *kairós* de Deus, ou seja, tempo de graça, abrindo um novo horizonte, uma nova possibilidade de vida ou missão. Segundo os costumes da época, a festa de casamento iniciava-se com uma procissão dos amigos do noivo, que iam à casa dos pais da noiva e a levavam para a casa do noivo. Quando era uma virgem que casava, normalmente a festa iniciava-se na quarta-feira à tarde, e quando eram viúvas, costumava ser na quinta-feira. Isso para favorecer ao marido

---

[137]  Cf. Is 62,5. Cf. outros textos também: Os 2; Is 21–26; 5,1-7; 49; 54; 62,1-9; Ez 16; Br 4–5.

[138]  Cf. Ef 5,32-33.25; Mt 22,1-14; 25,1-13; 2Cor 11,1-4; Ap 12; 19,7-9; 21,2.

[139]  Cf. Ct 1,2.4; 2,4; 4,10; 7,10; 8,2.

[140]  Cf. Am 9,13-14; Os 14,7; Jr 31,12; Is 25,6; 62,9.

[141]  Cf. Jo 4,21; 5,25; 12,3.27; 16,2.32.

[142]  Cf. primeiro dia: Jo 1,35; segundo dia: Jo 1,43; terceiro dia: Jo 2,1.

da noiva virgem. Caso ele tivesse alguma dúvida em relação à sua virgindade, poderia apresentar já no dia seguinte a sua queixa ao Sinédrio, que se reunia semanalmente às segundas e quintas-feiras.

A festa durava normalmente sete dias. Ao longo deles, novos convidados iam chegando todos os dias. Alguns permanecendo mais tempo outros menos, segundo as condições e o parentesco. Um pesquisador das leis orientais fez um estudo aprofundado sobre os usos e costumes das festas de núpcias judaicas e descobriu que as provisões de vinho dependiam, de qualquer forma, dos dons dos convidados. E como Jesus e os discípulos eram muito pobres, não teriam levado vinho, descumprindo com esse dever, e, por isso, causado a falta do vinho.[143] No espaço de uma semana, o número de convidados, o consumo por pessoa, o cálculo inferior ao necessário podem ter determinado a falta do vinho. Era costume servir o vinho melhor nos primeiros dias. O que favorece a leitura de que Jesus e os discípulos tivessem chegado mais para o final da semana, pois a mãe de Jesus já estava lá.

## Jesus e os discípulos convidados

Caná da Galileia é citada apenas por João, onde houve uma festa de casamento, para a qual foram convidados Jesus e seus discípulos. Não há uma unanimidade quanto à localização dessa cidade. Maria já estava lá quando eles chegaram. O que chama a atenção é o fato de João mencionar a mãe de Jesus apenas por "mãe de Jesus, mãe ou mulher",[144] e não pelo nome Maria. José não aparece nessa festa, nem na vida pública de Jesus, mas ele é lembrado duas vezes por João,[145] o que sugere que talvez ele já tivesse morrido.

---

[143] BROWN, R. *Giovanni*. Assisi: Cittadella editrice, 1986. p. 132.

[144] Cf. Jo 2,1.12; 6,42; 19,25-27.

[145] Cf. Jo 1,45; 6,42.

Há muitas cogitações em torno do noivo dessa festa de casamento. Uns afirmam a possibilidade de ter sido João Evangelista ou Jesus, mas Jesus era um dos convidados e, além do mais, essa ideia não se coadunaria com a vida e o ministério de Jesus. Nunca teremos uma resposta a esta pergunta: Quem é o noivo? E poderíamos acrescentar: Quem é a noiva? Esta é uma das perguntas que, segundo Frei Carlos Mesters, deveríamos pendurar no varal e perguntar a Jesus no céu.

Se há interrogações sobre o noivo, cujo apelativo aparece no texto, mais ainda em relação à noiva, pois nem é mencionada. Será que João estaria falando de um casamento entre um jovem e uma jovem? Ele não poderia estar falando em termos simbólicos? O Evangelho de João, de fato, é cheio de simbolismos. Para haver casamento é preciso ter duas pessoas envolvidas: o noivo e a noiva. E quem é noivo nesse casamento? É Jesus. E a noiva? É a comunidade cristã que vai se formando e aderindo ao noivo Jesus, ao seu projeto de vida. O que João quer nos dizer? Que Deus fez uma aliança conosco no seu Filho Jesus. A Aliança de amor e fidelidade de pessoas que se amam, selam diante do Senhor uma aliança com ele e esta se insere do amor de Cristo pela sua Igreja. É na comunidade de fé que a pessoa alimenta e cultiva essa aliança de Deus com ela, com a comunidade, com a humanidade em Jesus Cristo.

Essa festa de casamento é provável que tenha sido uma festa de família, na qual se encontrava Maria, Jesus e seus discípulos, provavelmente os que sempre estavam em sua companhia: João, André, Pedro, Filipe e Natanael. Há os que acreditem que esse tenha sido o marco inicial do ministério público de Jesus. E ao mesmo tempo, o ponto final de suas relações familiares, sem romper com elas, mas dedicando-se com tempo integral ao Reino de Deus mediante a pregação e a realização de sinais, manifestando desse modo a glória de Deus.

## Sensibilidade de mãe: "Eles não têm mais vinho"

"Eles não têm mais vinho" foi a informação que Maria deu a Jesus. Talvez ela esperasse dele uma atitude no sentido de realizar um milagre, o desejo de ajudar, ou tivesse ficado preocupada com o constrangimento da família; por isso, talvez fosse um convite a Jesus para irem embora. São Crisóstomo é do parecer que Jesus já tivesse realizado algum milagre em pequenos círculos, e agora Maria estava na expectativa de que ele pudesse realizar outro, como início de seu ministério público. Ou ainda, Maria teria percebido que aquele era o momento certo, a hora apropriada para Jesus revelar sua autoridade e o seu poder. Contudo, o mais provável é que Maria esperasse que seu filho resolvesse a situação, sem ter claro como ele a solucionaria, mas tinha confiança de que ele daria uma solução satisfatória. Esse seu pedido teria sido um "monumento de sua fé, de sua humildade, de sua modéstia".[146]

## "Mulher, ainda não é chegada a hora"

O fato de Jesus responder à sua mãe chamando-a de "mulher" e perguntado o que ela queria dele, uma vez que sua hora ainda não tinha chegado, choca um pouco os ouvidos dos ouvintes e leitores do mundo ocidental. Os evangélicos apoiam-se sobre essa postura de Jesus para recriminar a mariolatria dos católicos, para dizer que Jesus não tinha Maria em tão alta consideração. Quanto ao tratamento de "mulher", teria sido escolhido para "colocar Maria no seu devido lugar", e não necessariamente teria uma conotação de desrespeito, que haveria nas línguas modernas, nem seria uma forma de desprezo ou de repreensão. Na interpretação de estudiosos católicos, essa aparente severidade para com a mãe é por nossa

---

[146] CHAMPLIN, R. N. *O Novo Testamento interpretado versículo por versículo*. São Paulo: Hagnos, 2002. p. 293.

causa, para nos ensinar que Jesus realiza os seus milagres não por consideração a qualquer relação humana, mas por amor e pela glória de Deus. Outros amenizam ainda mais, com a tradução "não te importes com esta questão, que ela não nos diz respeito". Parece-nos mais provável que a expressão usada por Jesus traz de qualquer forma, suave ou não, uma repreensão a Maria. Mas o importante mesmo é que ele tenha dado uma solução, mesmo que não tenha chegado ainda a sua hora.

Jesus tinha consciência de que em algum momento ele teria que fazer a declaração de sua autoridade messiânica. Essa manifestação precisaria ser feita no momento em que o Pai o estabelecesse, e não, necessariamente, em conformidade com o que Maria julgasse mais conveniente. Isso não significa dizer que Maria teria tentado apressar a hora de Deus para a manifestação messiânica de Jesus. Tampouco Deus poderia ter-se servido de Maria para revelar a hora de Jesus iniciar os sinais do Reino. Em todos os momentos importantes no Evangelho de João, Jesus fala da hora da crise que se aproxima, hora de passar deste mundo ao Pai pela cruz e ressurreição, ou seja, a hora[147] de glorificar o Pai. Os sinais que Jesus realiza são suas manifestações como Messias e como Filho de Deus.

## "Fazei tudo o que ele vos disser"

Maria não teria desistido à repreensão de Jesus, mas acreditou e permaneceu confiante na autoridade e no poder do seu filho de dar uma solução favorável à situação, colocando os serventes à disposição de Jesus: "Fazei tudo o que ele vos disser". Maria demonstrou ter uma fé inabalável, autêntica, que não olha para as circunstâncias favoráveis ou não, e mantém a confiança naquele que pode fazer todas as coisas, ainda

---

[147] Cf. Jo 1,39; 2,4; 4,6.21.23.52(2x).53; 5,25.28; 7,30; 8,20; 11,9; 12,23.27(3x); 13,1; 16,2.4.21.25.32; 17,1; 19,14.27.

que seja um milagre. O termo grego usado para os servos é *diakonoi*, que corresponde à nossa palavra "diácono", e não *douloi*, cuja tradução é "escravos". A frase que o evangelista colocou na boca de Maria – "Fazei tudo o que ele vos disser" – é a mesma frase que o faraó disse ao povo, ao referir-se a José do Egito, em Gênesis 41,55. Esta frase deveria ser entendida assim: "Se ele vos disser alguma coisa, fazei-o". Maria parece não ter dúvidas de que Jesus interviria, mas é incerto o modo como interviria.

### Seis talhas de água

A água das talhas de pedra servia para as cerimônias judaicas de purificação, muito provável na cerimônia da lavagem das mãos e das vasilhas que eram usadas na festa.[148] Eram de pedra porque se acreditava que preservavam a pureza e a frieza da água. O número seis é um número incompleto e nos remete aos seis dias nos quais Deus criou o universo. São seis dias de fadiga e trabalho para chegar ao número completo, ideal, o sétimo dia. Assim, as seis talhas de pedra são incompletas e indicam imperfeição, apesar do grande número de litros de água: 25 litros em cada talha, o que contrasta com a realidade da terra de Israel, onde havia escassez de água. Por outro lado, indica a magnitude do sinal realizado por Jesus transformando a água em vinho, o que indicaria a abundância dos tempos messiânicos indicada pela quantidade do vinho.

### "Enchei as talhas de água"

Os servos obedeceram às ordens de Jesus e encheram as talhas de pedra com água até a borda, para que houvesse vinho em abundância para todos. Para Jesus coube a tarefa de transformar a água em vinho. Cada indivíduo tem o seu próprio

---

[148] Cf. também Mt 15,1-20; Mc 7,8.

dever a cumprir e todos os serviços, no seu conjunto, realizam o projeto de Deus. Neste texto Jesus realizou a tarefa de mestre-sala. Cuidou das tarefas difíceis vinculadas à sua missão messiânica e à salvação da humanidade. O vinho tornou-se abundante, e isso reflete a provisão que é dada por Cristo.

## "Trazei agora e levai ao mestre-sala"

O mestre-sala era considerado um servo, cujo dever era dispor os móveis, os pratos, talheres, além de provar os alimentos e o vinho, antes de serem apresentados aos convidados. Era um escravo que cumpria as funções de um copeiro e garçom; isso era usual entre gregos e romanos, mas não há evidências de que tal costume prevalecia também entre os judeus. Outros preferem a ideia de ser um superintendente dos convivas, e não um escravo. Seria um convidado escolhido pelos demais convidados, para presidir à festa, como uma espécie de mestre de cerimônias. Também este costume prevalecia entre os romanos e gregos e parece ter tido uma influência sobre a sociedade judaica, segundo informações do livro do Eclesiástico.[149] Parece ser mais acertado pensar que o mestre-sala possa ter sido até mesmo um amigo ou membro da família, indicado pelos noivos, para realizar essas funções.

### Origem do vinho

É intenção do autor deixar claro que o mestre-sala não sabia da origem do vinho, para ressaltar com isso a qualidade do vinho. Há alguns que vêm nessa transformação da água em vinho uma prova da transubstanciação, mas essa é uma compreensão errônea com sentido de alteração da substância, enquanto na compreensão exata a substância é o elemento místico que não está sujeito aos cinco sentidos: peso, aroma,

---

[149] Cf. Eclo 35,1-2.

aparência, sabor etc. A intenção do autor parece indicar a consubstancial realidade do milagre, ao mostrar que até mesmo o mestre-sala não sabia da existência de nenhum vinho de tão alta qualidade, que foi servido aos convidados no fim da festa. E se o mestre-sala não tinha conhecimento desse vinho, de tão alta qualidade, então, a sua origem é miraculosa. "Todo homem serve primeiro..." Parece haver aí uma chamada de atenção do mestre-sala ao noivo, que colocou o melhor vinho no final, porque então os convivas não poderiam mais apreciar o seu sabor e já estariam saciados com o vinho inferior.

## Início dos sinais em Caná da Galileia

A transformação da água em vinho foi o primeiro sinal de muitos. Os sinais são marcos-guias que conduzem o ser humano ao Messias, que foi revestido com poderes sobrenaturais. E aqueles que têm fé podem realizar os mesmos sinais[150] pela força do Espírito Santo. Os sinais realizados por Jesus serviram para dar glória a Deus. Por esse sinal foi despertada a fé no círculo dos seus discípulos. E foi a marca do poder e da graça de quem o realizou, bem como de seu caráter divino.

A perícope das bodas se concluiu com a descida de Jesus para Cafarnaum com sua mãe, seus irmãos e discípulos, onde ficou por algum tempo servindo sempre ao Senhor e convidando-nos a fazer tudo o que ele nos disser, porque, dessa forma, damos glória a Deus.

Nos passos de Maria, a serva do Senhor, Paulo sente-se também ele servo de Cristo Jesus, chamado a ser apóstolo, escolhido para anunciar o Evangelho de Deus, que ela trouxe ao mundo.

---

[150] Cf. Mt 3,13; 7,21-23; 8,3.27; 14,13-21.

# 6. Paulo, o homem fiel

Para entendermos em maior profundidade a experiência espiritual de Paulo, é preciso entendê-lo como homem, situado no seu contexto histórico, na sua origem e cultura. Tendo como base essa experiência humana de Paulo, para melhor percebermos a profundidade da sua experiência espiritual, selecionamos alguns textos significativos de suas cartas autênticas.

Fora das cartas autênticas de Paulo e das Deuteropaulinas, o autor da segunda carta de Pedro faz referência aos escritos de Paulo: "Considerai a longanimidade de Nosso Senhor como a nossa salvação, conforme também o nosso amado irmão Paulo vos escreveu, segundo a sabedoria que lhe foi dada. Isto mesmo faz ele em todas as cartas, ao falar nelas desse tema. É verdade que em suas cartas se encontram alguns pontos difíceis de entender, que os ignorantes e vacilantes torcem, como fazem com as demais Escrituras, para a própria perdição".[151]

O autor não explicita quais são esses pontos difíceis de serem entendidos e também não oferece os nomes dos ignorantes e vacilantes, que torcem as Escrituras para a sua condenação. Sem sombra de dúvida que a proposta do seguimento de Jesus e a exigência de fidelidade ao Evangelho eram sem meias medidas, o que deve ter impressionado os leitores e ouvintes, sendo mal interpretado por alguns. Muitos cristãos, ao longo dos séculos, têm-se impressionado e pautado suas vidas sobre os ensinamentos de Paulo e alimentado a própria vida espiritual com a meditação dos seus escritos.

---

[151] 2Pd 3,15-16.

Temos duas fontes de informação sobre o apóstolo Paulo: as cartas autênticas[152] escritas por ele, assim mesmo muito fragmentadas, e os Atos dos Apóstolos, que traz a visão da Comunidade Cristã Primitiva sobre este grande apóstolo. Trata-se dos capítulos 9 e 13–28, e as cartas pseudopaulinas e pastorais. Daremos prioridade aos escritos de Paulo.

## Paulo, homem inculturado

Paulo é natural de Tarso, da região da Cilícia. Ele foi contemporâneo de Jesus, nascido na Judeia, mas não se conheceram pessoalmente, pois Jesus morava na Galileia, ao norte da Terra de Israel, e Paulo na atual Turquia, geograficamente distantes, embora ambos fossem do continente da Ásia. Tarso era uma cidade grande, na época de Paulo, com aproximadamente 300 mil habitantes. Nela predominava a cultura grega, com escolas filosóficas, as quais Paulo frequentou. Conhecia bem a língua, a cultura, a retórica helenista e os filósofos da época. Essa região era dominada pelo Império Romano, com o seu aparato administrativo, militar, cultural e religioso.

Muitos judeus moravam na cidade de Tarso e foram para lá, provavelmente, em diferentes épocas, provocadas na sua maioria pelas sucessivas dominações sobre a terra de Israel. Nas grandes cidades, os judeus chegavam a formar bairros ocupados predominantemente por eles. Neles havia normalmente uma sinagoga, com sua organização comunitária, podendo reunir-se, cultivar seus costumes, suas tradições religiosas e culturais. Eles formavam a assim chamada diáspora judaica. Os que podiam, retornavam a Jerusalém para manter os laços com suas origens, seja para visita, seja para o estudo, ou ainda por motivos religiosos: participar das festas, cumprir

---

[152] Cartas de Paulo: 1 Tessalonicenses, 1 e 2 Coríntios, Gálatas, Romanos, Filipenses, Filemon; Cartas deutero-paulinas, as que foram atribuídas a Paulo: 2 Tessalonicenses, Efésios e Colossenses; e Cartas Pastorais: 1 e 2 Timóteo, Tito.

promessas, frequentar o templo de Jerusalém. Os que tinham condições econômicas e eram assíduos às tradições dos antepassados, retornavam uma vez ao ano; outros, de quando em quando, ou pelo menos uma vez na vida.

O livro de Atos informa que Paulo teria ido a Jerusalém três anos após o seu chamado;[153] lá teria estudado, tendo sido discípulo de Gamaliel,[154] e segurado o manto de Estêvão em seu martírio.[155] Na pessoa de Paulo se cruzam três culturas: hebreu por nascimento e religião, helenista pela língua e escritos, e cidadão romano por direito. Mas ele mesmo faz questão de se apresentar como hebreu, dizendo ter sido circuncidado ao oitavo dia, ser da raça de Israel, da tribo de Benjamim, hebreu filho de Hebreus, do grupo dos fariseus, tão fiel às tradições que não permitia a alguém que seguia esse caminho se desviar dele e ensinar algo diverso. Por isso, ele perseguia os cristãos, que, segundo ele, eram traidores da fé judaica. Crescia cada vez mais no amor às tradições dos antepassados, distinguindo-se no zelo pelas tradições paternas.

Paulo pertencia à diáspora judaica, espalhada pelas cidades de cultura helenista e dominada pelo Império Romano. Tarso era uma das cidades cosmopolitas e helenistas. Serviu como um dos berços do estoicismo, que primava pela ética, daí a presença de muitos elementos que se refletem nos escritos de Paulo. Usa o grego com desenvoltura com suas formas literárias como a retórica. Nas cartas ele sempre se apresenta com o nome latino Paulo, que devia carregar desde o seu nascimento com o seu apelido hebraico Saul, dado pelos pais em homenagem ao primeiro rei de Israel. Ele mesmo, segundo Atos, no final de sua vida apelou para Cesar. Valendo-se de seu título de cidadão romano, segue para Roma como prisioneiro.

---

[153] Cf. Gl 1,18.

[154] Cf. At 22,3.

[155] At 7,58.

## Fiel às tradições paternas

Paulo, como todos os meninos judeus do seu tempo, recebia uma formação em casa, dada pelos pais, na sinagoga do bairro onde moravam, e na escola ligada à sinagoga deviam aprender a ler, estudar a lei de Deus e a história do povo; assimilar as tradições religiosas; aprender as orações, sobretudo, os Salmos. O método era pergunta e resposta, repetir e decorar, disciplina e convivência.[156] Os pais que tinham condições ofereciam aos filhos uma formação superior, que consistia no estudo da *Lei de Deus, a Torá* (Pentateuco), da *Tradição dos Antigos,* e na *Interpretação da Bíblia* (*Midrashim*). Paulo mesmo chega a afirmar na sua carta aos Gálatas que ele progredia mais do que os compatriotas de sua idade, no zelo pelas tradições paternas.[157]

O *Estudo da Torá* consistia na leitura e interpretação da Bíblia, que seguia diferentes níveis.[158] O primeiro nível é a simples leitura e compreensão do texto, e não vai além. No segundo nível leva o leitor a ir além do texto, a lê-lo por detrás das palavras e a se perguntar pelo significado das palavras e imagens, para compreendê-lo mais profundamente. O terceiro nível é o mais profundo de todos eles, correspondendo à busca, pesquisa do significado mais profundo das palavras. Ele faz o texto revelar o que ele oculta. E, por fim, a mística corresponde às consequências, à prática dos três níveis precedentes. É o momento no qual, depois de ter "namorado" tanto o texto, ele já vive e canta no interior da pessoa. É Deus se revelando já independente do texto.

---

[156] Cf. MESTERS, Carlos. *Paulo, Apóstolo: um trabalhador que anuncia o Evangelho.* 3. ed. São Paulo: Paulinas, 1991. p. 16.

[157] Cf. Gl 1,13-14.

[158] O primeiro nível no hebraico chama-se *PSHaT* e significa "simples"; o segundo, *ReMeZ*, significa "insinuação"; o terceiro nível, *DRaSH,* significa "busca, pesquisa"; o quarto e último é *SoD*, que significa "mística".

A *Tradição dos Antigos* era apresentada em duas partes: a *Halachah* e a *Hagadah*. A *Halachah* compreendia as leis e os costumes reconhecidos pelas autoridades competentes, pelos quais o povo devia orientar a sua vida. A *Hagadah* trazia as histórias edificantes da Bíblia, que ajudavam os jovens a descobrirem nelas os apelos de Deus para as suas vidas.

A *Interpretação da Bíblia*, segundo o método midrashico, consistia na busca do sentido mais profundo do texto bíblico para a vida do povo. Era uma atualização constante das Escrituras, segundo a realidade do povo, o que deu origem aos *Midrashim*.

Paulo aprendeu desde pequeno em família, na escola da sinagoga, na escola dos fariseus, as Sagradas Escrituras, que era o eixo central da sua formação. Os fariseus aceitavam também a tradição oral dos anciãos[159] que era atribuída a uma corrente de anciãos que remontava a Moisés; enquanto os saduceus aceitavam apenas a Torá, o Pentateuco, que impunha obrigações válidas aos judeus. Essas tradições (escritas e orais) erigiram um muro em torno da lei, e a observância delas era uma salvaguarda contra as violações da própria lei. Os fariseus acreditavam na existência dos anjos, na ressurreição dos mortos e no juízo, todas as crenças que os saduceus negavam.

O que normalmente os cristãos conhecem sobre os fariseus é o que se encontra nos Evangelhos; fora deles encontramos poucas informações, apenas em Flávio Josefo e no Talmud. Paulo, em diversos momentos, se identifica com os fariseus[160] e não tem vergonha de se apresentar como tal, dentro da sua tradição judaica. O ideal da vida segundo a lei não era estranho nem ao messianismo cristão nem à moralidade cristã.

---

[159] Cf. Mt 15,2; Mc 7,5.

[160] At 23,6-9; 26,5; Fl 3,5.

O erro dos fariseus talvez tenha sido o fato de se fecharem na observância estrita da lei. Por isso, Deus tinha para com eles a obrigação de salvá-los, uma vez que pensavam em conquistá-la pelo próprio esforço pessoal, quando este é dom de Deus, pela graça do Espírito Santo, por meio de Cristo Jesus. O centro está na graça de Deus e não no esforço humano.

## Fariseus: os separados

Entenderemos melhor Paulo e o seu amor à Torá se, antes, conhecermos um pouco sobre quem são os fariseus, grupo ao qual ele pertencia. A palavra fariseu, do grego *Perushim*, significa "separado" dentro da tradição judaica, para uma tarefa especial: o ensino da Torá. O exercício dessa tarefa implicava o estudo e o aprofundamento das Escrituras, para poderem explicá-la ao povo. A origem do grupo dos fariseus é incerta: há os que afirmam terem início no tempo de Moisés, por volta de 1300 a.E.C., no grupo dos setenta anciãos; outros, no tempo dos Macabeus, cerca de 170 a.E.C., com o grupo dos *Hassidim* ou *hassideus*, os quais eram considerados os piedosos ou os fiéis. No tempo dos Asmoneus, Alexandre Janeu (103-76 a.E.C.) se indispôs com os fariseus, de tal maneira que chegou a submeter muitos ao suplício da crucifixão. A situação só melhorou com Alexandra Salomé (75-67 a.E.C.), que reatou as relações com os fariseus, convidando-os a integrarem o Sinédrio, no qual permaneceram até a destruição de Jerusalém e do templo.

Segundo Flávio Josefo, havia no tempo de Herodes, o Grande, 6 mil membros no grupo dos fariseus. Eles exerceram certa influência na deposição de Arquelau no ano 6 da E.C. O motivo de sua oposição a este e a outros reis é porque eles se opunham à lei, seja por sua concepção como Estado-nação judaica, seja pelo estilo de vida e de governo que levavam adiante. Os fariseus tinham pouca simpatia pelos grupos fanáticos que se opunham à dominação dos romanos sobre Israel; preferiam a submissão a Roma, pois lhes permitia viverem a religião judaica.

Na vida do fariseu, desde o amanhecer até o anoitecer, o estudo era inseparável da práxis, e vice-versa. Tanto o estudo sem a prática quanto a prática sem o estudo eram considerados estéreis. Alguns fariseus, como Rabi Akiba, viveram até o martírio o mandamento do amor a Deus com todo o coração, com toda a vida e com todas as forças (cf. Dt 6,5). Entre os fariseus se chamavam de companheiros e se reuniam para as refeições rituais. Tinham regras para a oração, o jejum, a esmola e o dízimo. Preocupavam-se com a salvação do povo, vivendo no meio deles, embora se distinguissem dele. Nas sinagogas tinham a função de dirigir o culto, a pregação, o canto e o julgamento nos tribunais, além de cuidar dos rolos sagrados.

No tempo de Jesus, muitos eram escribas e doutores da lei. Outros ganhavam a vida com trabalhos manuais. Em geral gozavam de grande popularidade entre o povo.[161] Eram respeitados pelo seu ensinamento e admirados pela sua observância. Não eram vistos como legalistas, pois não faziam nenhum esforço para impor o seu ponto de vista. Ao contrário, eram apreciados como peritos, que poderiam dar uma resposta clara às questões que diziam respeito às leis para a vida diária.[162] Seguiam muito mais a linha de Esdras do que dos profetas. Eles concebiam o judaísmo como uma religião centrada na observância rigorosa da lei, por isso, são criticados nos Evangelhos escritos no final do primeiro século por Mateus, Lucas e João. Muitos textos desses Evangelhos trazem uma visão ne-

---

[161] Cf. Mc 2,16; Lc 2,46; MONLOUBOU L.; DE BUIT, F. M. Dottori e scriba. In: *Dizionario Biblico Storico Critico*. Borla, p. 292; 911.

[162] CONNOR, J. Murphy-O. *Jesus e Paulo: vidas paralelas*. São Paulo: Paulinas, 2008. p. 67.

gativa dos fariseus. Sem dúvida deviam referir-se a um grupo de fariseus e não a todos, pois havia entre eles amigos de Jesus como Nicodemos (Jo 3; 7,45-48) e Gamaliel (At 5,34). Na primeira comunidade cristã havia também fariseus (At 15,5). Provavelmente existiam muitos outros que não são nomeados nos Evangelhos. Como em todos os grupos humanos, há os radicais e os relapsos, e o mesmo acontecia entre os fariseus. Alguns são criticados como hipócritas,[163] outros porque esqueciam o essencial,[164] outros ainda porque impunham uma carga pesada sobre os ombros dos demais e eles mesmos nada faziam (Mt 23,4). Há muitas outras controvérsias com eles. No Evangelho de Marcos e Lucas, os fariseus não participam do processo contra Jesus; isto nos faz pensar que o interesse de sua atuação restringia-se ao campo religioso e moral,[165] e não político.

## A sabedoria deste mundo

Paulo contrapõe a sabedoria deste mundo, que ele identifica com as especulações do pensamento humano e da retórica, à sabedoria de Deus, que ele identifica com Jesus Cristo. É claro que Paulo foi formado segundo a sabedoria deste mundo, a cultura helenista. As escolas judaicas tinham uma preocupação com as suas crianças e os seus jovens, para ensiná-los a viverem no mundo helenizado. As famílias judias normalmente falavam em casa o aramaico, aprendiam também o hebraico e nas sinagogas da diáspora usavam a Bíblia da Septuaginta, em grego. Aos 12/13 anos terminavam a escola elementar, depois continuavam os estudos secundários aos 14/15 anos sobre os clássicos e sua composição literária, a retórica, e seguiam-se

---

[163] Mt 6,2.5.16.

[164] Mt 23,13-14.

[165] Cf. MONLOUBOU, L.; DE BUIT, F. M. Farisei. In: *Dizionario Biblico Storico/ Critico*. Roma: Borla, 1987. pp. 370-372.

durante três anos os estudos superiores, que consistiam na leitura de um orador, com quem ele aprenderia a arte da eloquência. A habilidade da retórica era uma prática usual nas escolas de filosofia. Sem dúvida, Paulo teria frequentado essas escolas, pela própria linguagem retórica que usa, sobretudo, na carta aos Romanos.

Nos escritos de Paulo, percebe-se a influência da escola estoica, seja quanto ao conteúdo, seja quanto ao método de ensino. A metodologia usada para o aprendizado era feita por meio de diálogos, perguntas e respostas, a retórica (eloquência, oratória). Paulo usa com frequência a diatribe estoica (crítica acerbada), que se reflete nos seus escritos: na enumeração de virtudes e vícios,[166] no acúmulo de interrogações retóricas,[167] no uso frequente de antíteses[168] e na personificação de uma ideia abstrata.[169] São todos recursos linguísticos que Paulo aprendeu e utilizou nos seus escritos. Muito provável que ele tenha frequentado o que hoje chamamos de "Universidade de Tarso", pois Estrabão, historiador da época, escreveu que os tarsenses superaram os alexandrinos e atenienses com todo o tipo de escolas de retórica ou conferências de filósofos. Tudo isso muito contribuiu para a riqueza de releituras e interpretação do Primeiro Testamento, retratados nos seus escritos. Depois de situarmos Paulo no seu berço, formação e mundo cultural, vamos aprofundar alguns de seus textos sob o enfoque da sua espiritualidade.

## A espiritualidade de Paulo

Paulo sempre foi profundamente religioso e pertencia a uma família que temia a Deus. Ele aprendera na sua tradição

---

[166] Cf. Rm 1,29-32.

[167] Cf. Rm 8,32-39.

[168] Cf. 1Cor 4,10-13; 2Cor 6,9-10.

[169] Cf. 1Cor 15,26.

religiosa a forma de como se relacionar com Deus. Aprendera a amá-lo desde pequenino e buscou ser fiel a ele, pela observância dos mandamentos. Mas, ao tornar-se cristão, reorientou a sua relação com Deus como: Pai, Filho e Espírito Santo, a Trindade Santa.

Cada página de seus escritos transpira profundidade, intensidade e vivência do amor de Deus Pai, Filho e Espírito Santo presentes na sua vida, nos seus ensinamentos a todos. Não é um amor que reserva momentos de encontro com Deus, mas todos os momentos da sua vida são expressão da morada de Deus nele. Ele tem plena consciência de ser possuído por Deus. Ele entregou a sua vida a Deus e tudo faz para realizar o seu projeto de amor, sobre ele mesmo e sobre a humanidade, tornando-se um incansável Apóstolo de Jesus Cristo. Tudo o que falarmos sobre a espiritualidade de Paulo sempre ficará aquém; um motivo a mais para continuarmos a alimentar a nossa espiritualidade nos seus escritos. Para isso escolhemos alguns textos mais significativos que retratam essa sua profunda experiência de Deus, pelo Espírito Santo em Cristo Jesus, sem nos ater à sua espiritualidade trinitária.

## *A experiência do encontro*

O encontro com o Ressuscitado, no caminho de Damasco, foi marcante na vida de Paulo, e impressionou a comunidade cristã, de tal forma que o mesmo fato foi lembrado cinquenta anos depois, três vezes no mesmo livro, os Atos dos Apóstolos.[170] O texto fala de queda, de uma intensa luz que o cegou e de uma voz que ele escutou: "Saul, Saul, por que me persegues?" "'Quem és Senhor', perguntou ele?" "Eu sou Jesus, a quem tu estás perseguindo." A partir desse momento ele entendeu que perseguir os seguidores de Jesus é como se

---

[170] Cf. At 9; 22; 26.

estivesse perseguindo ao próprio Jesus. Cegado pela intensa luz, foi levado a Damasco, onde ficou três dias sem nada enxergar, até ser batizado por Ananias, um discípulo do Senhor.

Paulo mesmo descreve a sua experiência de nascimento para a fé cristã como se tivesse sofrido um aborto. No contexto das suas considerações sobre a ressurreição dos mortos, recorda que transmitiu aquilo que ele mesmo recebeu: o Cristo que morreu foi sepultado, ressuscitou e apareceu aos doze... e depois "... em último lugar, apareceu também a mim como a um abortivo",[171] não de forma normal, mas como um nascimento prematuro e por meio de um ato "cirúrgico" que o faz nascer à força para a fé cristã. Paulo não faz diferença alguma entre a aparição no caminho de Damasco e as aparições de Jesus aos doze e aos demais, após a sua ressurreição até a ascensão. Com essa percepção, Paulo se coloca em pé de igualdade com as demais testemunhas, mesmo que em último lugar.

Outra imagem que Paulo usa para falar da sua experiência do encontro é a de "ser alcançado" por Jesus. Imagine a cena: Paulo a mil por hora na sua corrida em busca dos "infiéis" e Jesus no seu encalço, atrás dele acelerando um pouco mais e alcançando-o na "contramão" de seus intentos. A trombada foi muito forte. É como se esse impacto tivesse zerado o ideal de vida que perseguia até então e na mesma intensidade agora reorienta sua vida para Jesus Cristo. E então é Paulo quem corre atrás de Jesus para ver se o alcança: "Não que eu já o tenha alcançado ou que seja perfeito, mas vou prosseguindo para ver se o alcanço, pois que também já fui alcançado por Cristo Jesus". Esse foi um longo processo que se iniciou no caminho de Damasco, foi amadurecendo e se confirmando no dia a dia até o martírio.

---

[171] Cf. 1Cor 15,3-8.

## A experiência do conhecimento de Jesus Cristo

Paulo mesmo reavalia, à luz de Cristo Jesus, a sua própria caminhada na tradição judaica e helenista: tudo o que era para ele título de glória por ter chegado onde havia chegado, agora é considerado esterco; não só perdera o seu brilho, mas se tornara desprezível.

> Mas o que era para mim lucro, eu o tive como perda, por amor de Cristo. Mais ainda: tudo eu considero perda, pela excelência do conhecimento de Cristo Jesus, meu Senhor. Por ele, eu perdi tudo e tudo tenho como esterco; para ganhar a Cristo e ser achado nele, não tenho a justiça da Lei, mas a justiça que vem de Deus, apoiada na fé, para conhecê-lo, conhecer o poder de sua ressurreição e a participação nos seus sofrimentos, conformando-me com ele na sua morte, para ver se alcanço a ressurreição de entre os mortos. Não que eu já tenha alcançado ou que já seja perfeito, mas vou prosseguindo para ver se o alcanço, pois que também já fui alcançado por Cristo Jesus. Eu não julgo que eu mesmo o tenha alcançado, mas, uma coisa faço: esquecendo-me do que fica para trás e avançando para o que está adiante, prossigo para o alvo, para o prêmio da vocação do alto que vem de Deus, em Cristo Jesus (Fl 3,8-14).

Paulo, neste texto aos filipenses, relacionou sete títulos que servem de contraste para uma valorização comparativa: *circuncidado ao oitavo dia* – significava, para os judeus, a prática plena da lei;[172] Paulo, de fato, nasceu judeu e foi criado como judeu e não como prosélito, nem por adesão ao judaísmo na fase adulta; *da raça de Israel* – indica a pertença à estirpe de Abraão e ao seu pacto; por isso, compartilha da sua vida e da sua herança; *da tribo de Benjamim* – filho mais

---

[172] Cf. Gn 17,12; 21,4; Lv 12,3.

novo de Jacó e da sua esposa preferida, Raquel, o único que nasceu na terra prometida e de cuja tribo foi eleito o primeiro rei de Israel, Saul, que pertenceu ao povo escolhido por Deus; *hebreu filho de hebreus*, para dizer que era filho de pai e mãe judeus e poderia demonstrar que seus ancestrais eram judeus; *fariseu quanto à Lei*, cuja característica principal era a observância estrita da lei em todos os âmbitos da vida diária; *quanto ao zelo, perseguidor da Igreja* – Paulo não podia em consciência concordar com os traidores da sua fé e a irreverência na observância da lei; por fim, *quanto à justiça que há na Lei, irrepreensível*, indica todo o sistema legal judaico, contido no Primeiro Testamento, ao qual Paulo tentava ser fiel. À luz da revelação de Jesus, Paulo descobrira que todos os seus privilégios raciais, que todas as suas escrupulosas observâncias da lei, foram empecilhos no caminho de uma autêntica vida espiritual. Ao descobrir o amor incondicional e gratuito de Deus por ele, mesmo sendo um perseguidor, "a ficha caiu". Ele mudou de rumo.

## Mudança de foco

O que mesmo mudou em Paulo, se o Deus do povo de Israel, do qual ele fazia parte, é o Deus de Jesus? Se esse povo é o mesmo povo de Jesus, as Escrituras seguidas por Jesus são as mesmas Escrituras usadas por Paulo? Se o ensinamento dado na sinagoga era o mesmo que Jesus e Paulo receberam, onde está então a causa do embate que aconteceu entre Jesus e Paulo? Onde está o foco da questão? Paulo Judeu havia aprendido desde pequeno a observar os mandamentos, a Lei de Moisés, as tradições paternas, como ele mesmo diz: "Progredia no judaísmo mais do que muitos compatriotas da minha idade, distinguindo-me pelo zelo às tradições paternas" (Gl 1,14). Buscava incansavelmente alcançar a justificação pela sua observância da Lei e ser aprovado por Deus, contemplar a sua face; era o que um judeu mais queria. Jesus igualmente havia sido circuncidado, frequentava o templo, observava a Lei de Moisés sem abolir nenhum "i". Onde está a diferença? É a motivação, a compreensão e a interpretação das Escrituras que dá origem a uma nova prática.

Paulo não havia desejado ou buscado um encontro com o Ressuscitado; antes, era um perseguidor[173] dos seus seguidores, os cristãos; mesmo sem o merecer fez a experiência do amor incondicional de Deus por ele, sentia-se acolhido por Jesus, que o justificava sem ele nada ter feito e sem merecê-lo. No entanto, a bondade e a misericórdia de Deus eram infinitamente maiores do que a experiência que havia feito até então. A experiência da bondade e da gratuidade de Deus que havia feito não se enquadravam na ideia que ele fazia de Deus. Por isso, ele rompeu com a visão de Deus que lhe havia sido ensinada e se esforçava por alcançar a justiça de Deus pela observância da Lei. Nessa visão, o centro estava na pessoa de Paulo, no seu esforço para merecer a justificação pelas suas obras, quando Jesus lhe ensinou que o centro está na bondade, na misericórdia e na gratuidade de Deus, que perdoa, acolhe e ama incondicionalmente, basta acolhermos o seu amor e o seu perdão. À medida que o acolhemos, também a nossa prática vai mudando. Quem nos justifica é Deus em Jesus, e não nós mesmos pela observância da Lei. Essa experiência foi como se tirasse um jugo pesado dos ombros de Paulo, pois, por mais que se esforçasse, não conseguia alcançar a perfeição que almejava.

Paulo não deixou de ser judeu ao aderir à pessoa de Jesus; continuou com o mesmo Deus, a pertencer ao mesmo povo, seguir as mesmas Escrituras, frequentar as mesmas sinagogas, mas, agora, para falar de Jesus. Carrega um apelo

---

[173] Cf. 1Tm 1,13; 1Cor 15,9; Gl 1,13; Rm 5,7-8; 2Cor 5,19.

muito forte e uma gratidão infinita, e, por sentir-se amado e acolhido por Deus em Jesus, não mede esforços e sacrifícios de muitas formas para anunciá-lo, conforme ele mesmo escreve na Segunda Carta aos Coríntios:

> Muitas vezes, vi-me em perigo de morte. Dos judeus recebi cinco vezes os quarenta golpes menos um. Três vezes fui flagelado. Uma vez, apedrejado. Três vezes naufraguei. Passei um dia e uma noite em alto-mar. Fiz numerosas viagens. Sofri perigos: nos rios, por parte dos ladrões, por parte de meus irmãos de estirpe, por parte dos gentios, perigos na cidade, no deserto, no mar, perigos por parte dos falsos irmãos! Mais ainda: fadigas e duros trabalhos, numerosas vigílias, fome e sede, múltiplos jejuns, frio e nudez! E isto sem contar o mais: a minha preocupação cotidiana, a solicitude que tenho por todas as Igrejas! (2Cor 11,23b-28).

Nada mais e ninguém pode atemorizá-lo: a tribulação, a angústia, a perseguição, a fome, a nudez, os perigos, a espada! Nem mesmo as forças espirituais e temporais têm poder de separá-lo do amor de Deus manifestado em Cristo Jesus. Paulo traduz na sua experiência de fidelidade ao amor de Cristo, de forma inclusiva, todas as dimensões da existência humana: a vida e a morte; nas esferas sobrenaturais: anjos, principados e poderes; na esfera temporal: realidades presentes e futuras; na esfera espacial: a altura e a profundidade.[174] Nada mesmo nem ninguém pode separá-lo do amor de Cristo. Que solidez! Essas não são palavras vazias nem discursos ditados pela conveniência, mas são fruto de uma vida entregue e doada pelo Reinado de Deus. Por essa causa vale à pena entregar a vida como foi a vida desse grande Apóstolo. Na releitura que Paulo faz de sua vida, ele chega ao ventre materno onde se reconhece ser um separado para o Reino.

---

[174] Cf. Rm 8,31-39.

## Um novo olhar

Foi na experiência do encontro com Jesus que Paulo fez a releitura de toda a sua vida. Essa experiência leva-o a projetar um novo olhar sobre o seu passado, a sua própria experiência; ele não é mais o referencial de suas escolhas, nem mesmo a observância da Lei, mas é Deus em Jesus Cristo que ocupa o centro de sua vida. É ele que de ora em diante vai conduzir a sua vida e se reconhece como: "Paulo, apóstolo – não por parte dos homens, nem por intermédio de um homem, mas por Jesus às Igrejas da Galácia".[175] O nome Paulo significa pequeno e era o mesmo nome do primeiro rei de Israel, Saul. Não é o nome que está em questão nesta carta, e sim o título que ele mesmo se atribui, de apóstolo. Em muitos momentos ele foi questionado pelos seus adversários, porque se identifica com apóstolo, quando ele não fez parte do grupo dos doze. Querem com isso minimizar sua autoridade e seu ensinamento. Ele é claro ao afirmar que a sua autoridade de apóstolo vem por revelação divina e não foi-lhe conferida por homem algum, nem mesmo pelos apóstolos, tampouco precisava de carta de recomendação. Sua autoridade vinha de Deus, por meio de Jesus Cristo que o escolhera desde o seio materno.

Quando, porém, aquele que me separou desde o seio materno e me chamou por sua graça, houve por bem revelar em mim o seu Filho, para que eu o evangelizasse entre os gentios; não consultei carne nem sangue, nem subi a Jerusalém aos que eram apóstolos antes de mim, mas fui à Arábia, e voltei novamente a Damasco (Gl 1,15-17).

---

[175] Cf. 1Cor 1,1; 2Cor 1,1; Gl 1,1-2; 1 Ts 2,7.

Paulo, segundo os grandes profetas clássicos[176] – Jeremias, Isaías –, sente-se separado e chamado pela graça de Deus mesmo antes de nascer. Por essa percepção, está dizendo que toda a etapa anterior à revelação do Ressuscitado faz parte de um projeto divino. Depois do conhecimento de Jesus Cristo, houve uma "ruptura" significativa e exemplar do seu modo de pensar farisaico, centrado na observância da Lei de Moisés, com a experiência da gratuidade da revelação da pessoa de Jesus Cristo, o Filho de Deus. Por isso, Paulo quer mostrar a sua independência diante das fontes humanas, mas sua dependência direta de Jesus. Paulo não nega o caráter objetivo da visão,[177] antes, ele sublinha o caráter interior da revelação e liga-a à sua vocação de Apóstolo dos gentios.[178] A missão não era simplesmente pregar – se assim fosse, talvez, teria ido com os judeus – mas era anunciar o Evangelho aos pagãos, o que reafirma a universalidade da mensagem cristã. Nada sabemos sobre sua permanência na Arábia: dedicou-se à meditação e à ascese? Fez como Elias junto à torrente de Carit? (cf. 1Rs 17). Há quem associe o tempo de três anos na Arábia ao tempo dos três anos dos Apóstolos em companhia de Jesus.

Pela revelação de Jesus Cristo, Paulo percebeu que a salvação não é alcançada, simplesmente, pela observância da lei, mas é pela ação do Espírito Santo que regenera a alma. O próprio Espírito se torna o guia na vida espiritual dos cristãos. Ele se empenha em formar a imagem de Cristo no seu íntimo. O cristão é chamado a identificar-se com Jesus Cristo. Ora, isso é algo inteiramente diferente do legalismo mosaico, com o seu código, com suas cerimônias, com sua exigência de observância perfeita dos mandamentos. A pessoa que segue

---

[176] Cf. Jr 1,4-10; Is 6,1-13.

[177] Cf. 1Cor 9,1; 15,8; At 9,17; 22,14; 26,16.

[178] Gl 2,8-9; Rm 1,1.

rigorosamente a observância da lei e nela confia não se abre facilmente ao favor de Deus, e, sim, os que seguem os caminhos místicos e espirituais, oferecidos pelo Pai, por meio da ação do Espírito Santo. Estes têm poder de refazer a nossa natureza no seu Filho, Jesus Cristo. O único caminho pelo qual alguém pode obter a liberdade – do temor, do pecado, da ira e da morte – é pela aceitação livre do dom de Deus, a vida eterna. A liberdade cristã, porém, não consiste na licenciosidade, pois a nova vida que temos em Cristo, como filhos de Deus, é portadora de uma ética e de uma moral muito mais elevada do que aquilo que a lei é capaz de proporcionar. A fé que aceita a graça de Deus é ativada por esse amor criador, a produzir os frutos do Espírito.

A carta aos Gálatas tornou-se, de fato, um documento revolucionário, em comparação com o antigo judaísmo. Pois qualquer judeu que frequentasse as sinagogas aos sábados jamais ouviria ali dos mestres judeus uma mensagem que se assemelhasse à da carta aos Gálatas. Por mais que se aproximasse dos conceitos do Primeiro Testamento, ficou o conceito de um Deus juiz severo, Todo-Poderoso, que não tolera a infidelidade aos seus mandamentos. Essa foi a experiência que Paulo havia feito e exigido dos demais: a observância irrestrita da lei. Mas quando Paulo fez a experiência do amor incondicional e gratuito de Deus em Jesus, ele anunciava a todos a liberdade em Cristo Jesus, o caminho da graça que conduz os homens de volta ao Senhor Deus, pela ação do Espírito, para formar Cristo em nós, como o ideal a ser alcançado.[179] Paulo relativizou todo o sistema sacrifical, intrincado esquema de leis e cerimônias, e, por isso, foi mal interpretado e acusado de traidor, inimigo e destruidor da obra de Moisés.[180] Isso

---

[179] Gl 2,15-21; Fl 3,7-16.
[180] At 21,15-40.

causou reação dentro e fora da Igreja,[181] conforme o transpareceu, também, na assembleia de Jerusalém. Essa foi uma das cruzes que Paulo carregou ao longo de todo o seu ministério, confrontando-se constantemente com os judaizantes. Mas os conflitos não diminuíram os seus cuidados e a ternura que tinha com as comunidades.

## Com a ternura de uma mãe

O que era considerado um mérito pessoal passou a ser considerado como "esterco", se comparado com o "lucro" que alcançou com o conhecimento de Cristo, como vimos acima. Paulo sente-se como o homem do Evangelho que encontrou um grande tesouro e uma pérola preciosa:[182] tudo faz para adquiri-la. Esse tesouro ou pérola preciosa é o conhecimento íntimo da pessoa de Jesus Cristo, experiência pessoal da eficácia da sua ressurreição, comunhão com a sua paixão e esperança segura de ressuscitar com ele. Cristo alcançou Paulo no caminho de Damasco; agora é Paulo que corre para alcançar a Cristo e receber dele uma coroa incorruptível,[183] deixando para traz os títulos que eram motivo de vanglória. Paulo tornou-se, a partir de então, um incansável anunciador do Evangelho de Jesus Cristo, com a ternura de uma mãe e a firmeza de um pai:

> [...] ainda que nós, na qualidade de apóstolo de Cristo, pudéssemos fazer valer a nossa autoridade. Pelo contrário, apresentamo-nos no meio de vós cheios de bondade, como uma mãe que acaricia os seus filhinhos. Tanto bem vos queríamos que desejávamos dar-vos não somente o Evangelho de Deus, mas até a própria vida, de tanto amor que vos tínhamos. Ainda vos lembrais dos nossos trabalhos e fadigas. Trabalhamos de

---

[181]  Cf. At 9,26-30.

[182]  Cf. Mt 13,44-46; 16,26.

[183]  Cf. 1Cor 9,24.

noite e de dia, para não sermos pesados a nenhum de vós. Foi assim que pregamos o Evangelho de Deus (1Ts 2,8-9).

Paulo poderia fazer valer a sua autoridade, o que parece indicar que tem algo para chamar atenção dos membros da comunidade, mas prefere entrar pela porta da afetividade que sente pelos membros da comunidade de Tessalônica. Ele chega a usar expressões de grande ternura, que só uma mãe e um pai seriam capazes de manifestar. Assim como o pai e a mãe ocupam um lugar privilegiado na educação sapiencial dos seus filhos, assim Paulo que gerou essa comunidade para Cristo se considera como essa mãe e esse pai, educando no caminho do seguimento de Jesus os cristãos que aderiram a Jesus pela fé. Da mãe, Paulo encarna os traços da ternura e do afeto para com a comunidade, e esta pode sentir-se confiante, como uma criança desmamada no regaço da mãe, conforme o salmo 131; e do pai, Paulo toma a autoridade, a firmeza e a solicitude na educação da comunidade, como Deus em relação ao seu povo no deserto, alimentando-o não só do maná, mas de tudo aquilo que procede da boca do Senhor (Dt 8,3). Essa dedicação de amor e afeto incondicional levou Paulo a enfrentar inúmeros perigos e dificuldades, como vimos acima. Nada mesmo nem ninguém poderá separá-lo do amor de Deus. Paulo assegura-nos que nada devemos temer, nem mesmo a morte, pois o amor de Cristo eliminou totalmente o terror e o poder da morte:

> Quando, pois, este corpo corruptível tiver revestido a incorruptibilidade e este ser mortal tiver revestido a imortalidade, então, cumprir-se-á a palavra da Escritura: a morte foi absorvida na vitória. Morte, onde está a tua vitória? Morte, onde está o teu aguilhão? O aguilhão da morte é o pecado e a força do pecado é a Lei. Graças se rendam a Deus, que nos dá a vitória por nosso Senhor Jesus Cristo (1Cor 15,54-57).

A vida, com todas as tribulações descritas acima, não pode separar Paulo do amor imutável de Deus em Cristo, como também não podem fazê-lo quaisquer circunstâncias da vida. Nem os anjos, nem os principados, nem os poderes, pois eles têm a tarefa de ajudar os que acreditam. O judaísmo nos dias de Paulo acreditava em muitos agrupamentos e ordens de anjos, cujas ideias traduziriam essa visão: os seres angelicais superiores ou inferiores, bons ou maus, não têm capacidade alguma de interferir na vida do crente ou armar-lhes obstáculos ou desviá-los da meta que os redimidos têm em Cristo. É em meio às vicissitudes da vida que somos mais do que vencedores, pois nem as coisas presentes e as do porvir podem jamais alterar o elevado destino de alguém que está "em Cristo". Com essa certeza sente-se a vontade também de falar de suas experiências místicas.

## Experiência mística

Paulo fala de sua experiência mística não com o intuito de se vangloriar, mas para se equiparar aos seus adversários que se gloriam de seus êxtases, mas é consciente de que o verdadeiro título de glória encontra-se na sua fraqueza (2Cor 11,30; 12,5.9), pois é esta que mais claramente manifesta a força de Cristo (2Cor 12,9), mostrando com evidência que o extraordinário poder que age pelo Apóstolo não vem dele, mas de Deus. Tem consciência de sua fragilidade ao afirmar: "Trazemos, porém, este tesouro em vasos de argila, para que esse incomparável poder seja de Deus e não de nós" (2Cor 4,7). Sem nenhuma preocupação com a exatidão formal, sente-se constrangido a revelar a sua experiência mística:

> É preciso gloriar-se? Por certo, não convém. Todavia mencionarei as visões e revelações do Senhor. Conheço um homem em Cristo que, há quatorze anos, foi arrebatado ao terceiro céu – se em corpo, não sei; se fora do corpo, não sei; Deus o

sabe! E sei que esse homem – se no corpo ou fora do corpo, não sei; Deus o sabe! – foi arrebatado até o paraíso e ouviu palavras inefáveis, que não é lícito ao homem repetir. No tocante a esse homem, eu me gloriarei; mas, no tocante a mim, só me gloriarei de minhas fraquezas.[184]

Paulo contrapõe as visões e revelações às suas fraquezas. Quanto às visões e revelações, ele as considera experiências anormais. Ele apenas sabe dizer que ouviu palavras inefáveis que não é lícito repetir mesmo que não diga nada de exato. Mas elas podem ser consideradas êxtases ou fenômenos místicos, no seu verdadeiro sentido. Quanto às fraquezas, ele pode se gloriar porque mostram a verdade sobre a pessoa de Paulo, e ao mesmo tempo o extraordinário que por meio dele se realiza, é a ação de Deus nele.

Paulo imagina três céus, como é a cosmovisão da época. O primeiro céu é a abóbada celeste que vai até onde a nossa vista alcança (Sl 8); o segundo céu é onde se situam os astros, dos quais alguns conhecemos o nome (Dt 4,19); e o terceiro céu onde Paulo chegou é a morada de Deus (Sl 115). Ele afirma que foi arrebatado em vida até o paraíso, enquanto Henoc e Elias foram arrebatados no final de suas vidas, para dizer que não morreram e estão junto de Deus, ou seja, continuam vivos na memória do povo. O paraíso é outra representação do céu como o lugar da felicidade perene, na companhia de Deus.[185] Retorna ao paraíso primordial, onde Deus passeava com os humanos. Essas visões e revelações marcaram profundamente a Paulo e lhe conferiram um dinamismo, um entusiasmo apaixonado pelo anúncio da Boa-Nova. Em toda sua vida, somada a suas experiências místicas, pode dizer sem medo: "Não sou mais eu que vivo, é Cristo que vive em mim".

---

[184]  2Cor 12,1-5.

[185]  Cf. Gn 2–3; Ez 28,13-15.

## *Identificação com Cristo*

Quase nos últimos anos de sua vida, Paulo chega a dizer que não é mais ele quem vive, mas é Cristo que vive nele. Que grande transformação se deu na vida desse homem! Ele que era "dono do seu nariz", como se costuma dizer, que tinha poder até de encarcerar os que não seguiam o ideal judaico, garantindo a própria justificação pela observância fiel da Lei, agora já não é mais quem determina os próprios passos, nem faz sua vida, mas Cristo. Desocupou o seu coração para deixar Cristo ser o centro de sua vida. A partir desse momento quem manda na sua vida e orienta o que fazer é Jesus Cristo. Ele obedece e tornou-se o seu servo.[186] Tornando-se escravo é que se torna verdadeiramente livre, como ele mesmo afirma: "É para a liberdade que Cristo nos libertou".[187] A confiança e o abandono em Deus são tão grandes que tanto faz viver ou morrer, pois, numa e noutra forma, estamos com o Senhor (Rm 14,8). Por isso ele pode afirmar:

> Já não sou eu que vivo, mas é Cristo que vive em mim. Minha vida presente na carne, eu a vivo pela fé no Filho de Deus, que me amou e se entregou a si mesmo por mim (Gl 2,20).

O fato de Paulo afirmar que já não é mais ele quem vive, mas é Cristo que vive nele, revela-nos que ele já havia morrido para o pecado, a lei, o eu, a carne, as paixões pecaminosas, e nele agora sobrevivia Cristo, e essa é a vida eterna desde agora. É Cristo, pela ação do seu Espírito, que vive em todo aquele que tem fé. Essa união vital é uma relação mística, trata-se da própria vida de Cristo, que Deus Pai lhe outorgou, por meio de Deus Filho, pela ação do Espírito Santo, da qual

---

[186] Cf. Rm 1,1; Gl 1,10.

[187] Gl 5,1; 2,4.

Paulo e todos os que creem compartilham.[188] O viver no tempo presente a vida na carne significa a vida na sua dimensão moral e espiritual, em comunhão com Cristo. Estes são apenas os estágios iniciais da vida eterna, pois a vida de Cristo está sendo formada em nós. A fé é a nova esfera da existência de Paulo, não mais a lei.

A espiritualidade de Paulo vai muito além das considerações feitas, pois é um poço sem fundo, cuja fonte nasce em Deus e volta para Deus, fonte e origem de toda a vida espiritual. Dela jorra ininterruptamente água viva e cristalina para todos os que queriam saciar a sua sede de Deus. Paulo descobriu essa fonte e dela bebeu e saciou a sua sede, e se tornou fonte da qual jorra água viva, como o próprio Jesus fala à Samaritana: "... mas quem beber da água que lhe darei, nunca mais terá sede. Pois a água que eu lhe der tornar-se-á nele fonte de água jorrando para a vida eterna" (Jo 4,14). Tudo o que é possível falar sobre a espiritualidade de Paulo permanece sempre limitado. Além de ser impossível em poucas páginas abordar todos os aspectos de uma espiritualidade rica e abrangente. Paulo se abriu totalmente a Deus depois de sua experiência de encontro com Cristo no caminho de Damasco. E mais ainda entendeu que tudo parte da experiência do amor, pois ele próprio fez a experiência de ser amado por Deus na total gratuidade em Cristo Jesus; por isso, compôs o hino ao amor na Primeira Carta aos Coríntios 13,1-13, porque entendeu que Deus é amor.

A familiaridade com os escritos autênticos de Paulo pode levar-nos, pela leitura, meditação, contemplação da experiência de Paulo refletida nesses escritos, a fazermos também nós uma profunda experiência do amor de Deus em nossas vidas.

---

[188] Cf. CHAMPLIN, R. N. Gálatas. In: *O Novo Testamento interpretado versículo por versículo*. São Paulo: Hagnos, 2002. v. 4, pp. 460-461.

Os escritos de Paulo, sem dúvida, podem iluminar e nortear também as nossas escolhas e opções. Para vivermos, assim, uma espiritualidade encarnada na plena liberdade em Cristo, na igualdade das relações interpessoais e de gênero, na radicalidade do seguimento, na firmeza e coerência de vida com os seus ensinamentos de Jesus Nazaré.

# 9
# Espiritualidade do seguimento de Jesus Caminho, Verdade e Vida
## Uma proposta atual e transformadora

Depois de termos percorrido resumidamente a história da salvação, evidenciando nela ensinamentos e testemunhos de espiritualidade bíblica, apresentamos, a seguir, uma breve reflexão e uma proposta de vivência baseada na autorrevelação de Jesus, contida no Evangelho segundo João: "Eu sou o Caminho, a Verdade e a Vida".[1]

O Evangelho segundo João não apresenta um anúncio querigmático, nem uma catequese sistemática, mas é uma memória contemplativa do discípulo, que assimilou o mistério de Jesus de forma unitária e sintética. A verdade a respeito da pessoa de Jesus é que ele é o enviado do Pai. Ele está no Pai e o Pai está nele, por isso "ninguém vai ao Pai a não ser por ele".[2]

A autodefinição de Jesus, documentada no Evangelho segundo João: "Eu sou o Caminho, a Verdade e a Vida",[3] é uma síntese não apenas desse Evangelho, mas de toda a história da salvação.

---

[1] Jo 14,6. Essa espiritualidade é própria das Irmãs Paulinas e de toda a Família Paulina, fundada pelo bem-aventurado Tiago Alberione, com a missão de levar a Boa-Nova de Jesus, na cultura da comunicação.

[2] Jo 14,6.

[3] Jo 14,6.

Ao afirmar que ele é o *Caminho*, Jesus coloca-se na continuidade dos *êxodos* realizados pelo povo de Israel; ao afirmar que ele é a *Verdade*, coloca-se na continuidade das *alianças* estabelecidas por Deus com seu povo e realiza a nova e eterna aliança; ao afirmar que ele é a *Vida*, Jesus se coloca em continuidade à *Páscoa* realizada pelo seu povo e realiza a Páscoa definitiva, isto é, a entrega de sua vida por amor.

Podemos relacionar a autodefinição de Jesus com as virtudes teologais, da seguinte forma:

- Eu sou o *caminho* = *êxodo*, que conduz ao Pai no Espírito e na *esperança* própria de quem caminha e de quem olha confiante para o futuro.

- Eu sou a *verdade* = *aliança*, que revela o Pai no Espírito e na *fé* de quem experimenta a fidelidade de Deus, no amor.

- Eu sou a *vida* = *Páscoa*, que comunica a vida do Pai no Espírito e no *amor* de quem sente o infinito amor de Deus pela humanidade.

## 1. O contexto de João 14,6

Para entender a profundidade e a abrangência da autodefinição de Jesus: "Eu sou o Caminho, a Verdade e a Vida", é importante ter presente que esta afirmação se situa no contexto da narrativa da Última Ceia e do discurso de despedida de Jesus, no capítulo 13 e início do 14.

O discurso de despedida apresenta três características marcantes: é um *ensinamento misterioso* que diz respeito ao *futuro*. Jesus será para os crentes o único mediador junto do Pai; a relação entre a *partida* e o *retorno* de Jesus; *a vinda do Espírito Santo*, prometido por Jesus.

No início do capítulo 13, Jesus expressa a consciência que tinha do momento que estava vivendo: sabia que era chegada sua hora de passar deste mundo para o Pai;[4] sabia que o Pai colocara tudo em suas mãos e que tinha saído de junto de Deus e estava voltando para Deus (Jo 13,3). Realizou, então, um gesto significativo: lavou os pés dos discípulos e depois disse: "Se eu, o Senhor e Mestre, vos lavei os pés, também vós deveis lavar os pés uns dos outros".[5]

O momento era de grande intimidade. Jesus comoveu-se profundamente e, referindo-se à traição de Judas, disse: "Um de vós me entregará".[6] Em seguida, deu-nos um novo mandamento: "Eu vos dou um novo mandamento: amai-vos uns aos outros".[7] Diante das disposições de Pedro, de entregar sua vida por Jesus, anunciou que ele o negaria: "Não cantará o galo antes que me tenhas negado três vezes".[8]

Por conseguinte, Jesus se autodefiniu o Caminho, a Verdade e a Vida num momento de despedida, em que ele nos deixou uma *herança*: o mandamento novo; uma *missão*: o compromisso com a vida; uma *certeza*: ele é fiel; uma *promessa*: a vida eterna.

Para compreender o significado profundo desta definição de Jesus: "Eu sou o Caminho, a Verdade e a Vida",[9] precisamos entrar na intimidade com Jesus, acolher sua herança, viver o mandamento novo, dar continuidade à sua missão, assumir o compromisso com a vida, na certeza de que ele é fiel e cumpre suas promessas.

---

[4]   Cf. Jo 13,1.

[5]   Cf. Jo 13,14.

[6]   Cf. Jo 13,21.

[7]   Cf. Jo 13,34.

[8]   Cf. Jo 13,34.

[9]   Jo 14,6.

## 2. "Eu sou"

Jesus começa sua afirmação com a expressão "eu sou". É uma revelação densa de sentido que supõe uma relação pessoal de intimidade e de comunhão com ele. "Eu sou" nos reporta à autorrevelação de Deus a Moisés, na sarça ardente: "Eu sou aquele que sou".[10]

Lembra também o Dêutero-Isaías: o profeta do Novo Êxodo.[11]

Nesta expressão, Jesus se refere a si mesmo em sentido absoluto: é um modo de afirmar a sua divindade, que sintetiza todas as realidades salvíficas da aliança de Deus com o seu povo. Jesus é:

- o Verbo eterno;[12]

- a nova criação;[13]

- o novo Adão;[14]

- a nova Páscoa e o seu Cordeiro;[15]

- a nova Aliança;[16]

- a nova circuncisão;[17]

- o maná celeste;[18]

---

[10]    Ex 3,14.

[11]    Is 43.

[12]    Jo 1,1.14.

[13]    Cf. 2Cor 5,17; Gl 6,15; Rm 8,19ss; Ap 21,22.

[14]    Cf. 1Cor 15,45; Rm 5,14.

[15]    Cf. 1Cor 5,7; Jo 1,29.36; 19,36; 1Pd 1,19; Ap 5ss.

[16]    Cf. Mt 26,26; Mc 14,24; Lc 22,20; Hb 9–13.

[17]    Cf. Cl 2,11-12.

[18]    Cf. Jo 6,30-58; Ap 2,17.

- o templo de Deus;[19]
- o novo sacrifício e o novo sacerdote;[20]
- o cumprimento do repouso sabático;[21]
- a era messiânica futura.[22]

## *"Eu sou" no Evangelho segundo João*

No capítulo 8 do *Evangelho segundo João*, encontramos várias vezes a expressão "eu sou": "Se vocês não acreditarem que eu sou, vão morrer em seus pecados".[23] "Quando vocês levantarem o Filho do homem, saberão que eu sou!"[24] "Antes que Abraão existisse, eu sou!"[25]

Outras vezes, essa expressão é seguida de um predicado. Depois da multiplicação dos pães, Jesus afirma: "Eu sou o pão da vida".[26]

Depois do episódio da mulher adúltera, Jesus afirma: "Eu sou a luz do mundo. Quem me segue não caminha nas trevas, mas terá a luz da vida".[27]

No capítulo 10, Jesus repete por duas vezes: "Eu sou a porta das ovelhas. Quem entra por mim será salvo".[28] Afirma ainda: "Eu sou o bom pastor. O bom pastor dá a vida pelas suas ovelhas".[29]

---

[19] Cf. Jo 2,19-27.

[20] Cf. Ef 5,2; Hb 2,17-3,2; 4,14-10,14.

[21] Cf. Cl 2,16-17; Mt 11,28–12,8; Hb 3,7–4,11.

[22] Cf. Lc 4,16-21; At 2,14-36.

[23] Jo 8,24.

[24] Jo 8,28.

[25] Jo 8,58.

[26] Jo 6,35.

[27] Jo 8,12.

[28] Jo 10,7.9.

[29] Jo 10,11.

Depois da ressurreição de Lázaro, no diálogo com Marta, Jesus afirma: "Eu sou a Ressurreição e a vida. Quem crê em mim, ainda que tenha morrido, viverá".[30]

No início do capítulo 15, Jesus afirma: "Eu sou a verdadeira videira e meu Pai é o agricultor".[31]

Outras vezes, ainda, encontramos a expressão invertida: "Sou eu".

No diálogo com a Samaritana, quando ela diz que o messias virá, Jesus afirma: "Sou eu que falo contigo".[32]

Jesus anda sobre as águas e os discípulos ficam com medo, mas ele afirma: "Sou eu. Não tenham medo".[33]

Quando os guardas, juntamente com Judas, foram prender Jesus, ele perguntou-lhes: "A quem procurais?". Eles responderam: "A Jesus de Nazaré!". Jesus disse-lhes: "Sou eu!".[34]

## *"Eu sou o Caminho, a Verdade e a Vida"*

Na primeira aliança, a Lei é o caminho, a verdade e a vida: a prática da Lei é o caminho; na Lei, Deus comunicava o seu projeto, sua verdade, que conduz à posse das promessas, à Vida.

Respondendo a Tomé, que afirma não saber aonde Jesus vai e, por isso, não sabe o caminho, Jesus se autodefine caminho, verdade e vida. Ele se comunica usando três realidades do cotidiano, conhecidas de seus conterrâneos e que dizem respeito às suas tradições, ao seu modo de ser e de viver. O ser

---

[30] Jo 11,25.

[31] Jo 15,1.

[32] Jo 4,26.

[33] Jo 6,20.

[34] Jo 18,6.

humano segue um caminho, busca a verdade, deseja a vida em plenitude. Jesus dá resposta a estes três desejos profundos do coração humano.

Essas três palavras expressam uma única realidade: Jesus Cristo! Cada palavra expressa um aspecto dessa realidade única. Podemos parafrasear a autoafirmação de Jesus com as seguintes variantes:

- Eu sou o caminho vivo e verdadeiro.
- Eu sou o caminho que leva à vida verdadeira.
- Eu sou o verdadeiro caminho que conduz à vida.
- Eu sou o caminho porque sou a verdade que leva à vida.
- Eu sou o caminho da verdade que leva à vida.

O Evangelho segundo João convida a pessoa a repensar a própria identidade: "Quem sou?". E também o próprio projeto de vida: "Eis-me aqui, Senhor!". É a resposta de amor, expressão de fé, de confiança, de disponibilidade e de adesão. "Eis-me aqui, Senhor: quero ouvir tua palavra; seguir teu caminho; viver o mandamento do amor; comprometer-me com a vida".

## 3. Eu sou o caminho que conduz ao Pai, no Espírito

Jesus afirma que ele é o único caminho que conduz ao Pai: "Ninguém vai ao Pai a não ser por mim".[35] Esta afirmação é densa de significado para a nossa vida espiritual. Jesus exclui categoricamente todas as outras possibilidades e alternativas. Ele é o único! Para expressar essa exclusividade, Jesus serve-se da palavra caminho, metáfora que faz parte do nosso cotidiano e do nosso ser peregrinos, rumo à morada definitiva.

---

[35] Jo 14,6.

Em geral, usamos a metáfora do caminho para designar o progressivo esforço que estamos fazendo para conquistar algo em nossa vida. E a quem ainda não tem uma meta em sua vida, dizemos que ainda não encontrou o seu caminho. Nesse sentido, o caminho da vida supõe uma escolha e, ao mesmo tempo, implica a renúncia de tudo aquilo que nos impede de caminhar.

## Caminhos da humanidade e da história

Podemos afirmar que a dinâmica do caminho, rica e abrangente, está gravada no íntimo do coração humano, perpassa toda a história da humanidade e a história da salvação.

• *O ser humano caminhante*: somos peregrinos pelos caminhos da vida, imersos no tempo e no espaço: caminhamos em direção a nós mesmos, ao próximo, à utopia de uma sociedade justa; caminhamos em busca do infinito. Recebemos a existência inacabada, devemos construí-la com nosso esforço cotidiano. Sentimos o imperativo de abrir caminhos novos, não nos contentando com os caminhos abertos por nossos antecessores.

O caminho pessoal do ser humano nunca está completo, precisa ser construído com criatividade e sem medo. Como lembra o poeta espanhol Antônio Machado: "Caminhante não há caminho, o caminho se faz ao caminhar".

▪ *Caminho da humanidade*: o salmo 1 lembra que, diante da humanidade, estão fundamentalmente dois caminhos: do bem e do mal, do justo e do ímpio, do amor e do ódio, das trevas e da luz, do egoísmo e da solidariedade, da justiça e da perversidade, da paz e do conflito. Em síntese, o caminho que leva a um final feliz e o caminho que leva ao abismo.

Na condição humana concreta, coexistem sempre os dois caminhos, que, em geral, se entrecruzam e ambos atravessam o coração humano. Nem sempre é fácil separar o joio do trigo, o caminho do bem do caminho do mal.

- Os caminhos de Deus levam ao novo, ao desconhecido, ao absoluto, ao transcendente.

Lembremos os caminhos do povo de Israel:

- Abraão, sai da tua terra... – Saída do Egito.
- Caminhada pelo deserto em busca da terra prometida.
- Os patriarcas indicam ao povo o caminho de Deus.
- Êxodo do povo de Israel – A celebração da Páscoa.
- Saída para a idolatria e retorno a Deus.
- Os profetas indicam os caminhos do Senhor.

## Jesus Caminho

Jesus nos ensina que ele *é o caminho para o Pai*: caminho e, ao mesmo tempo, meta na qual o ser humano encontra sua morada definitiva: na casa do Pai para estar com ele eternamente; ele nos precede e nos convida a segui-lo. O dinamismo do caminho assume uma importância vital, porque a existência humana é um caminhar: sair, atravessar, entrar. A experiência de fé é um êxodo. Jesus deu sentido ao êxodo da Primeira Aliança, vivendo em si mesmo o mistério da Páscoa. "Ele é o caminho novo e vivente."[36]

Jesus vive a dinâmica própria do caminho em sua pessoa e em sua história. O caminho de Jesus é a sua vida vivida na verdade. Ele vive em constante atitude de êxodo, de saída, do silêncio eterno do Pai para vir ao encontro de cada pessoa, assumindo a vida e a história humanas.

---

[36] Hb 10,20.

Durante sua vida terrena, Jesus sai constantemente de si para ir ao encontro do Pai na oração; ir ao encontro das crianças, dos doentes, dos necessitados, dos pobres, da ovelha perdida.

Num gesto supremo de amor, ele sai de si e vai ao encontro do outro, entregando-se à morte na cruz. Jesus caminha da morte para a vida, ressuscitando volta para o seio eterno do Pai.

Jesus é o caminho definitivo, vivo e verdadeiro. Vem do Pai e revela o rosto do Pai. Volta para o Pai, abre o caminho para o Pai.

Jesus Caminho é o bom Pastor que cuida de cada uma das ovelhas e as conduz em verdes pastagens. Pelo Batismo, todo cristão é chamado a ser caminho para seus irmãos/ãs.

## Seguir o caminho de Jesus

Jesus nos chama para entrar no seu caminho: "Vinde a mim todos".[37] Seguir o caminho de Jesus significa:

- *sair de nós mesmos*: do próprio egoísmo, do comodismo, do individualismo, e ir ao encontro do próximo;

- *viver o mandamento novo dado por Jesus:* "Amai-vos uns aos outros como eu vos amei";

- *acolher o outro*: o próximo nos convida a sair de nós mesmos, a perceber as suas necessidades, a hospedá-lo dentro de nós;

- *perdoar sempre*: como o Pai da parábola do filho pródigo, perdoar e ter um coração cheio de ternura e de misericórdia;

---

[37] Mt 11,18.

- *servir e amar os necessitados*: ter compaixão é sofrer com quem sofre, caminhar com quem caminha, e nunca deixar alguém sozinho em sua necessidade;
- *lutar contra as injustiças* que impedem a realização do projeto de Deus em nosso meio;
- *viver a fé ativa, amor capaz de sacrifício e firme esperança.*

Seguir Jesus Caminho supõe um verdadeiro projeto de vida, que abarca toda a existência humana, e leva a colocar todas as potencialidades humanas a serviço da Boa-Nova do Reino.

## 4. Eu sou a verdade que revela o Pai, no Espírito

Jesus se autodefine: "Eu sou a verdade".[38] Esta afirmação de Jesus é desconcertante, pois exige uma mudança em nosso modo de conceber a verdade: não mais como uma doutrina a ser observada, mas como uma pessoa a ser seguida. Jesus Verdade é a resposta a todas as interrogações humanas. A filósofa Edith Stein, ao decidir entrar para o Carmelo e dedicar sua vida inteiramente a Deus, afirmou: "Procurei a verdade e encontrei Jesus Cristo!".

Pilatos perguntou a Jesus: "O que é a verdade?".[39] Jesus não respondeu, porque, naquele momento, Pilatos não estava interessado em saber o que era a verdade, mas simplesmente buscava uma justificativa para condenar ou livrar Jesus.

Para compreendermos o alcance desta afirmação, é importante ter presente as variadas formas de entender a verdade.

---

[38] Jo 14,6.

[39] Jo 18,38.

## Diferentes modelos de verdade

A partir das tradições filosóficas, culturais e religiosas, é possível constatar a existência de diferentes modelos de verdade:

- *Modelo grego de verdade*: oriundo da filosofia grega, esse modelo baseia-se no *princípio da não contradição*; uma realidade é ou não é. Neste caso, a verdade se opõe ao erro e se expressa em fórmulas doutrinais; é única, exclusiva e excludente. Consequentemente é preciso zelar pela sã doutrina.

- *Novo modelo de verdade*: decorrente da cultura pós-moderna, esse modelo baseia-se no *princípio da relação*. Neste caso, a verdade é como a vida, cresce com os estudos e descobertas, se enriquece com as diferentes visões culturais. Não é exclusiva, mas inclusiva e plural.

- *Modelo bíblico de verdade*: baseia-se no *princípio da relação*. No contexto bíblico, de modo geral, a verdade é a relação com Deus, baseada na estabilidade de Deus e na confiança nele. A verdade é a fidelidade plena no amor e está relacionada com a aliança e com as promessas. A verdade não diz respeito a uma realidade abstrata, mas está na natureza de Deus. A verdade remete a um compromisso pessoal, concreto, experiencial, de toda a pessoa, e não somente do intelecto.

No *Evangelho segundo João*, a verdade está relacionada com a luz e com a vida. Quem faz o mal, odeia a luz. Quem pratica a verdade, aproxima-se da luz.[40] Estabelece-se assim uma relação de proximidade entre a verdade e a luz, e de oposição entre o mal e a luz.

---

[40] Cf. Jo 3,20-21.

Verdade se opõe à mentira. "Como podemos conhecer a verdade? Se vocês guardarem a minha Palavra, vocês de fato serão meus discípulos, conhecerão a verdade, e a verdade vos libertará".[41] A *Palavra* de Jesus é seu mandamento novo: "Eu vos dou um novo mandamento: amem-se uns aos outros. Se vocês tiverem amor uns aos outros, todos conhecerão que vocês são meus discípulos".[42]

Jesus Verdade é a manifestação do amor fiel de Deus, interpretação viva, autêntica de Deus, cumprimento das promessas. Jesus Verdade é a manifestação do rosto terno e misericordioso de Deus Pai. Jesus Verdade é o profeta, o mestre que anuncia a verdade que liberta e denuncia a infidelidade, o desencontro.

Pelo Batismo, todo cristão é chamado a ser verdade para seus irmãos e suas irmãs.

No Evangelho segundo João, encontram-se algumas expressões significativas em relação à verdade:

- *Ser da verdade*[43] é viver e agir de acordo com os ensinamentos de Jesus Cristo. Levar uma vida inspirada e iluminada pela fé em Jesus Cristo.

- *Praticar a verdade*[44] é acolher Jesus como o Messias, o apóstolo do Pai, e seguir o caminho traçado por ele; é caminhar na luz, isto é, viver na fé e em comunhão com Deus.

- *Conhecer a verdade*[45] é conhecer Jesus na profundidade do mistério de sua filiação divina e viver na intimidade com ele.

---

[41] Jo 8,31-32.

[42] Jo 13,34-35.

[43] Jo 8,32.

[44] Jo 3,21.

[45] Jo 8,32.

## Jesus Verdade

Ao afirmar "Eu sou a verdade", Jesus recapitula a realidade dos vários momentos da aliança de Deus com o povo eleito. O Deus da Aliança é o Deus fiel, que cumpre o que promete; é um Deus que defende e liberta os oprimidos, os pobres e desamparados.

No Segundo Testamento, a aliança assume um caráter de novidade, de plenitude e de perenidade, graças ao dom do Filho e do Espírito que o Pai faz à humanidade. No sangue derramado na cruz, a nova e eterna aliança une os seres humanos a Deus, tornando-o um povo novo, chamado a viver em comunhão com o seu Senhor. A realidade da aliança encontra sua manifestação histórica e perene na Eucaristia, sacrifício agradável que elimina o pecado e restabelece a comunhão.

Na Bíblia, a aliança está estritamente unida à criação, pois esta não consiste simplesmente em dar vida às coisas, mas em criar um indestrutível vínculo de benevolência entre Deus e as criaturas. A aliança e a criação têm uma única raiz: o amor compassivo e misericordioso. Por conseguinte, a aliança pode ser entendida como uma nova criação e como vocação à comunhão mais profunda dos seres com o seu Criador.

O Deus da aliança é o Deus da Páscoa. Na cruz de Jesus transparece a estreita conexão entre aliança e criação: o Filho eterno do Pai que, na plenitude dos tempos, se encarnou,[46] é o centro da realidade, precisamente por ser o princípio e o modelo a cuja imagem tudo foi criado[47] e o fim para o qual todos tendem.[48]

---

[46] Cf. Gl, 4,4.

[47] Cf. Cl 1,15.

[48] Cf. Cl 1,16.

O Filho Redentor é também aquele pelo qual foram feitas novas todas as coisas, por meio de seu sacrifício: nele vive tudo o que existe, na força do Espírito, em comunhão com o Pai da misericórdia.

Jesus Verdade, no sentido bíblico, isto é, como fidelidade no amor, é expressão da plenitude e a personalização da fidelidade e do amor de Deus para com o seu povo.

Se quisermos expressar essa realidade com outras palavras, podemos dizer que Jesus é o revelador do Pai, o profeta e mestre com um coração de pastor.

## Seguir Jesus Verdade

Jesus Verdade nos convida a segui-lo no seu caminho. Nossa resposta consiste em reconhecê-lo como o enviado do Pai, aquele em quem se cumpriram as promessas. "Tu és o Cristo, o filho de Deus vivo. A quem nós iremos, Senhor, só tu tens palavras de vida eterna."[49] A verdade não é uma doutrina, não está na ordem das ideias, mas é uma pessoa e, por conseguinte, está relacionada à vida.

Seguir Jesus Verdade é reconhecer as *sementes do Verbo* presentes em todos os recantos do universo. Verdade se revela na prática do amor e se manifesta dentro de um movimento de esperança que envolve a criação inteira.

Em Jesus Verdade, conhecemos a verdade sobre nós mesmos: a nossa pessoa, a nossa vida, os nossos problemas. Em Jesus Verdade, conhecemos a verdade sobre Deus: "Quem me vê, vê o Pai".[50] Em Jesus Verdade, conhecemos a verdade sobre o universo, lugar da nossa comunicação com Deus.

---

[49] Jo 6,68.

[50] Jo 19,4.

# 5. Eu sou a *vida* e comunico a vida do Pai, no Espírito

Jesus é a Palavra na qual estava a vida e a vida era a luz da humanidade.[51] Ele é a Palavra, é a força criadora que gera a vida, e que sempre existiu. É a luz que ilumina o nosso caminho. Na criação, Deus fala e a vida é gerada; na nova criação, Jesus age e fala comunicando vida no amor. "Eu vim para que todos tenham vida e a tenham em abundância."[52] Ele entrega a vida por amor e se torna vida. É o Mestre e Pastor que oferece a sua vida por nós.[53]

O Evangelho segundo João estabelece uma relação íntima entre a vida e a luz e afirma que a vida é a luz da humanidade.[54] Jesus pede aos seus seguidores que não se deixem dominar pelas trevas, mas andem na luz,[55] isto é, andem de acordo com os seus ensinamentos.

Jesus nos convoca a uma profunda reflexão sobre o significado dessa realidade, que nos toca tão de perto: a vida. Ela é dada a todo o ser humano, por amor e gratuitamente, como dom que é preciso acolher, cuidar, valorizar e respeitar.

## O Deus da vida

Na primeira aliança, encontramos diversas definições da vida. Deus mesmo é chamado de *Vivente*, aquele que possui a vida e a doa em plenitude. O dom da vida está ligado à libertação, ao maná, à água, à posse da terra prometida e ao repouso sabático. Sem querer esgotar o elenco destes conceitos, podemos lembrar que a vida é:

---

[51] Cf. Jo 1,3-4.

[52] Cf. Jo 10,10.

[53] Jo 10.

[54] Cf. Jo 1,4.

[55] Cf. Jo 12,35.

- um sopro de Deus;[56]
- uma bênção de Deus;[57]
- uma herança sagrada;[58]
- uma opção;[59]
- um dom = salvação da ameaça de morte;[60]
- sabedoria de Javé;[61]
- algo do coração;[62]
- caminho da justiça.[63]

Todas estas expressões bíblicas nos remetem à importância e à sacralidade da vida de todos os seres criados e, particularmente, do ser humano.

## Jesus Vida

Ao se autodefinir "Eu sou a Vida", Jesus leva à plenitude a Páscoa, como passagem da morte para a vida. Ele realiza a Páscoa por excelência: vence a escravidão do pecado e da morte e o Pai o ressuscita, dando-lhe a verdadeira terra prometida: a vida do Espírito.

Consequentemente, para nós, seguidores de Jesus, a Páscoa é um caminhar do lugar onde estamos para o lugar

---

[56] Cf. Gn 2,7.
[57] Cf. Gn 1,28.
[58] Cf. Eclo 17,11.
[59] Cf. Dt 30,15.
[60] Cf. Ez 33,3.
[61] Cf. Pr 8,35.
[62] Cf. Pr 4,23.
[63] Cf. Pr 12,28.

onde Deus nos chama. É sair do egoísmo, do comodismo, do fechamento, das visões mesquinhas e abrir o nosso ser para receber o dom de Deus, para acolher o outro, particularmente os mais necessitados. Páscoa é passar da escravidão do pecado e de suas consequências para a centralidade de Jesus na própria vida e ao pleno desenvolvimento humano.

Por isso, a Páscoa não é apenas uma festa comemorativa, mas uma dimensão da vida cristã inaugurada no Batismo, por meio do qual o cristão une-se ao destino salvífico de Cristo, para formar um povo novo que caminha rumo à Páscoa definitiva.[64]

Para Paulo, o Batismo é imersão na morte e ressurreição de Jesus, o qual supõe a passagem da morte para a vida, da lógica e mentalidade de morte a um estilo e opção de vida que se concretiza na justiça e na caridade fraterna.[65] A experiência batismal prefigura e prepara a Páscoa final e escatológica, que é a meta da esperança cristã e o ponto de chegada da história da salvação, que envolve o mundo inteiro.

No centro da história está o Cordeiro imolado e vivo, o Cristo morto e ressuscitado, que dá sentido aos acontecimentos humanos e garante a vitória de Deus sobre o mal histórico da idolatria e da injustiça. É o Cordeiro que abre o livro selado do desígnio de Deus na história.[66] A essa revelação faz eco o canto dos mártires, dos que venceram a besta, o poder político idolátrico. Eles cantam o canto de Moisés, o da libertação definitiva.[67]

Dessa forma, a Páscoa não é uma recordação, mas um dinamismo de salvação e de libertação que está dentro da

---

[64]  Cf. 1Pd 1,22–2,10.

[65]  Cf. Rm 6,4-11; Col 2,12–3,4.

[66]  Cf. Ap 5,1-14.

[67]  Cf. Ap 12,10-11; 15,2-4.

história humana, desde o dia em que Deus entra na história, de modo irreversível na encarnação, morte e ressurreição de Jesus. Ele afirma: "Eu sou o pão da vida";[68] "Eu sou a ressurreição e a vida. Quem crê em mim, ainda que tenha morrido, viverá."[69]

A vida é o Espírito que Jesus comunica a todos os que o recebem e, acreditando nele, aderem ao seu Projeto. O Espírito é memória das ações e palavras de Jesus e imaginação que nos faz recriar o seu projeto. Jesus é a Vida que nos enche de alegria. Ele dá sentido à existência humana, fortalece-nos na caminhada e ensina-nos a esperar contra toda a esperança.

Jesus Vida é o Sumo e eterno sacerdote que une o Céu e a Terra. Ressuscitando, vence a morte e nos conduz à Pátria Trinitária. Pelo Batismo, todo cristão é chamado a ser Vida para seus irmãos/ãs.

Jesus Vida luta contra todos os males que oprimem a vida dos seres humanos:

- a fome: tem compaixão do povo faminto;[70]

- a doença: cura os doentes e enfermos;[71]

- o abandono: "As multidões estavam cansadas e abatidas como ovelhas sem pastor";[72]

- os espíritos imundos: exploração, corrupção, acúmulo de bens, discriminação;[73]

---

[68] Jo 6,35.

[69] Jo 11,25.

[70] Cf. Mc 6,35-44.

[71] Cf. Mc 9,35.

[72] Cf. Mt 9,36.

[73] Cf. Jo 9,2.

- as injustiças: leis opressoras;[74]
- o pecado pessoal e social;[75]
- a morte: restaura a vida das pessoas.[76]

Ele convida seus seguidores e engajar-se na luta contra todos os males que, na sociedade atual, oprimem e desrespeitam a vida.

## Seguir Jesus Vida

Jesus nos convida a viver como ele viveu, defendendo a vida onde quer que ela esteja ameaçada. Seguir Jesus vida é assumir o projeto de Jesus: que "todos tenham vida e a tenham em abundância",[77] é lutar contra todos os males que ameaçam a vida: fome, doença, discriminação, exclusão, injustiça, entre outros.

Seguir Jesus Vida é cuidar da chama da vida com gestos de bondade, de compreensão, de acolhimento, de ajuda. É cuidar da vida em nós: nossa saúde, nossa inteligência, nossa vontade, nossos talentos; é cuidar da vida dos que estão ao nosso lado: em nossa família, em nossa comunidade, em nosso trabalho; é cuidar da nossa casa comum que é o planeta Terra, cuidar da nossa cidade, da nossa Igreja.

Como vimos, a autodefinição de Jesus "Eu sou o caminho, a verdade e a vida"[78] é uma proposta de vivência da espiritualidade bíblica abrangente e atual; é um convite a seguir os passos de Jesus, que precisamos assimilar e viver.

---

[74] Cf. Mc 2,27-28.

[75] Cf. Jo 5,14.

[76] Cf. Mc 5,1ss

[77] Cf. Jo 10,10.

[78] Jo 14,6.

# 6. Dinâmica para a reflexão e vivência, a partir da autorrevelação de Jesus: "Eu sou o Caminho, a Verdade e a Vida"[79]

- *Material necessário*: Bíblia, pedras, sementes, velas, algumas folhas verdes e flores, um tecido ou papel para marcar um caminho.

- *Preparar o ambiente*: traçar no centro da sala um caminho, com pedras, folhas verdes e flores, colocando a Palavra de Deus em destaque.

- *Intercalar cada momento com cânticos e orações apropriados.*

## 1º momento – Reflexão sobre a expressão "Eu sou" e "Eu sou o caminho"

- Ler e/ou explicar o texto acima sobre "Eu sou" e "Eu sou o caminho".

- No final, convidar as pessoas a refletirem: o que está atrapalhando o meu caminho de seguimento de Jesus? Quais as pedras que impedem meu caminhar mais decidido no caminho de Jesus? Quais as pedras (dificuldades, problemas) que eu preciso aceitar e integrar em minha caminhada?

- Espontaneamente, cada pessoa partilha com o grupo a própria reflexão e, simbolicamente, tira uma pedra do caminho.

---

[79] Cf. Jo 14,6.

## 2º momento – Reflexão sobre "Eu sou a verdade"

- Ler e/ou explicar o texto anterior sobre "Eu sou a verdade".

- No final, convidar as pessoas a refletirem sobre as sementes de verdade, que existem em sua própria vida, na família, na Igreja e na sociedade. Reconhecer as inúmeras graças que Deus nos concede.

- Espontaneamente, cada pessoa partilha com o grupo a própria reflexão e, simbolicamente, semeia algumas sementes no caminho.

## 3º momento – Refletir sobre "Eu sou a vida"

- Ler e/ou explicar o texto anterior sobre "Eu sou a vida".

- Colocar ao longo do caminho velas pequenas e, em destaque, o Círio Pascal.

- Convidar as pessoas a acenderem uma vela no Círio Pascal e partilhar sua decisão de seguir, com maior convicção, *Jesus Caminho, Verdade e Vida*. Em *Jesus Caminho, Verdade e Vida* da humanidade, o que eu desejo fazer para nele ser também eu caminho, verdade e vida para as pessoas? Rever meu projeto de Vida.

- Concluir com a oração: "Invocações a Jesus Mestre" (ver a seguir), o Pai-nosso e um canto final e/ou o abraço da paz.

## 7. Invocações a Jesus Mestre, Caminho, Verdade e Vida (Bem-aventurado Tiago Alberione)

Jesus Mestre,
santificai a minha mente e aumentai a minha fé.

Jesus, Mestre na Igreja,
atraí todos à vossa escola.

Jesus Mestre, libertai-me do erro,
dos pensamentos inúteis e das trevas eternas.

Ó Jesus, caminho entre o Pai e nós,
tudo vos ofereço e de vós tudo espero.

Ó Jesus, caminho de santidade,
fazei que eu seja vosso fiel seguidor.

Ó Jesus caminho,
tornai-me perfeito como o Pai que está no céu.

Ó Jesus vida,
vivei em mim, para que eu viva em vós.

Ó Jesus vida,
não permitais que eu me separe de vós.

Ó Jesus vida,
fazei-me viver eternamente na alegria do vosso amor.

Ó Jesus verdade,
 que eu seja luz para o mundo.

Ó Jesus caminho,
que eu seja exemplo e modelo para as pessoas.

Ó Jesus vida,
que minha presença leve em toda parte graça e consolação.

# Reiniciar o caminho

Nas páginas deste livro, trilhamos um caminho árduo e às vezes tortuoso, que teve como fio condutor o desejo de conhecer e compreender a teologia da espiritualidade bíblica, com o objetivo de ajudar a viver, com maior intensidade e radicalidade, essa espiritualidade, no contexto atual.

Não foi nossa intenção apresentar um manual completo de espiritualidade bíblica, mas apenas oferecer uma proposta de aprofundamento e de vivência da fé bíblica, fundamentada na Palavra de Deus, à luz da experiência espiritual dos personagens bíblicos, sobretudo, de: Abraão, Jacó, Davi, Jeremias, Salmista, Maria e Paulo, para os quais a fé não foi um sentimento, um raciocínio elaborado. Mas, uma vez aceita, foi um ato de abandono, uma entrega incondicional de suas vidas para que Deus pudesse agir e realizar neles e por meio deles o seu plano de amor, em favor de toda a humanidade. E esse plano chegou à sua plena realização em Cristo Jesus, morto e ressuscitado, vivo no meio de nós, pois, "onde dois ou mais se reunirem em meu nome, eu estarei no meio deles" (Mt 18,20).

Temos consciência dos limites da nossa abordagem e, ao mesmo tempo, da necessidade como cristãos de reiniciar, cada dia, o nosso caminho de seguimento de Jesus.

Jesus Cristo, crucificado e ressuscitado, é a fonte original e fundamental da nossa espiritualidade bíblica. Ele, o enviado do Pai, na força do Espírito, é a plenitude da revelação de Deus (Hb 1,1-3). O ponto de partida da espiritualidade bíblica é o encontro com a pessoa de Jesus Cristo. Ele é o caminho, a verdade e a vida da humanidade.[1]

---

[1] Cf. Jo 14,6.

Alicerçada em Jesus Cristo, Ressuscitado e Senhor da história, a vida do cristão vai se transformando em uma nova criatura, sinal visível do amor de Deus no mundo. Marcado por essa experiência, seguimos o caminho trilhado por Jesus e contemplamos o universo e as pessoas com olhos de Deus, isto é, com ternura, bondade, gratidão, compaixão e misericórdia. Mesmo diante de todas as crises e dificuldades que enfrentamos, a pessoa de Jesus continua sendo, para nós, caminho, verdade e vida.

A Palavra de Deus, amada, lida e celebrada na Eucaristia, é o alimento da nossa caminhada até a realização plena do plano de Deus sobre cada um e cada uma de nós.

# Referências bibliográficas

BALDWIN, Joyce. *I e II Samuel; introdução e comentário*. Vida Nova, 1997.

BERNARD, C. A. *Introdução à teologia espiritual*. São Paulo: Loyola, 1999.

BENKE, Christoph. *Breve história da espiritualidade cristã*. Aparecida: Santuário, 2011.

BLAU, Rabino Avraham. *O livro de Samuel (II)*; comentário "Nahalat Avot". São Paulo: Editora Maayanot Associação Cultural e Beneficente, 2005.

BOFF, L. *Experimentar Deus hoje*. Petrópolis: Vozes, 1976.

BOMBONATTO, Vera Ivanise. *Seguimento de Jesus*; uma abordagem segundo a cristologia de Jon Sobrino. São Paulo: Paulinas, 2001.

CASTILLO, José M. *Espiritualidade para insatisfeitos*. São Paulo: Paulus, 2012.

CAVALCANTE, Ronaldo. *Espiritualidade cristã na história*. São Paulo: Paulinas, 2007.

CHAMPLIN, R. N. *O Novo Testamento interpretado versículo por versículo*. São Paulo: Hagnos, 2002. vv. 1 e 2.

CHILDS, Brevard S. *El libro del Éxodo*. Estella: Verbo Divino, 2003.

CHOURAQI, André. *A Bíblia*; no princípio (Gênesis). Rio de Janeiro: Imago, 1995.

CORTESE, E. *Da Mosè a Esdra*. I Libri Storici Del Ântico Israele. Bologna: EDB, 1985.

COSTACURTA, Bruna. *Apontamentos em sala de aula sobre Espiritualidade do Antigo Testamento*. 1990.

DONAZAR AIZPURÚA, Fidel. *La espiritualidad bíblica*. Navarra: Editorial Verbo Divino, 2009.

FABRI DOS ANJOS, M. (org.). *Sob o fogo do Espírito*. São Paulo: Paulinas, 1998.

FERNÁNDEZ, Victor Manuel. *Teologia espiritual encarnada*. São Paulo: Paulus, 2007.

GOFFI, T.; SECONDIN, B. (org.). *Problemas e perspectivas de Espiritualidade*. São Paulo: Loyola, 1992.

GRUN, A. *Se quiser experimentar Deus*. Petrópolis: Vozes, 2001.

GRENZER, M. *O projeto do Êxodo*. São Paulo: Paulinas, 2007.

HUMHHEYIS, C. J. *Os milagres do Êxodo*. Rio de Janeiro: Imago, 2004.

KONINGS, Johan. *Evangelho segundo João*. São Paulo: Loyola, 2005.

MONLOUBOU, L.; DU BUIT, F. M. Mosè. In: *Dizionario Biblico, Storico/Critico*. Borla, 1987.

PAGOLA, José Antônio. *Jesus, uma aproximação histórica*. Petrópolis: Vozes, 2010.

RECH, Helena. *As duas faces de uma única paixão*. São Paulo: Paulinas, 1998.

RODRIGUES DE BRITO, Jacil. *Vós sereis o meu povo e eu serei o vosso Deus*; Teologia da Aliança. São Paulo: Paulinas, 2004. pp. 32-37 (sobre as bodas em Caná da Galileia).

SCHNACKENBURG, R. *Comentario Teológico Del Nuevo Testamento*. Il vangelo di Giovanni: Prima Parte. Brescia: Paideia, 1973. pp. 454-495.

SCHÖKEL, Luiz Alonso. *Bíblia do Peregrino*. São Paulo: Paulus, 2002. (Comentários a Gênesis 12 e 22).

SCHÖKEL, Luiz Alonso. Tradução e comentários da Bíblia do Peregrino. 2 Samuel, 12,7-12. São Paulo: Paulus, 2002.

SCHÖKEL, Luiz Alonso; GUTIÈRREZ, G. *A missão de Moisés*; meditações bíblicas. São Paulo: Paulinas, 1992.

SILVA RETAMALES, Santiago. *Discípulos de Jesus e discipulado segundo a obra de Lucas*. São Paulo: Paulinas/Paulus, 2005.

SOBRINO, J. *Jesus, o libertador*. I – A História de Jesus de Nazaré. Petrópolis: Vozes, 1994.

STORNIOLO, I.; BALANCIN, E. M. *Como ler o livro do Êxodo; o caminho para a liberdade*. São Paulo: Paulinas, 1990.

VIRGULIN, S. Davide. In: *Nuovo Dizionário di Teologia Biblica*. Torino: Edizioni Paoline, 1988.

VOGELS, W. *Moisés e suas múltiplas facetas do Êxodo ao Deuteronômio*. São Paulo: Paulinas, 2003.

WESTERMANN, Claus. *Gênesis 1–11: a commentary*. Minneapolis: Augsburg Publishing House, 1990.

V.V. TRADUTORES. *Bíblia de Jerusalém*. São Paulo: Paulus, 2002. (Texto Gn 11,1-9; 12,1-9; 22,1-19).

Impresso na gráfica da
Pia Sociedade Filhas de São Paulo
Via Raposo Tavares, km 19,145
05577-300 - São Paulo, SP - Brasil - 2013